元駐在員が見た台湾の素顔

台湾はなぜ親日なのか

田代正廣

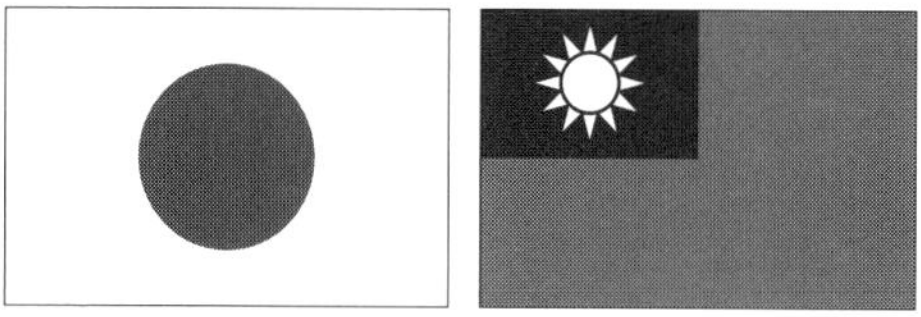

彩図社

はじめに

「麗しき島」、台湾。台湾は、一度訪ねればまた行きたくなると思うほど好印象を与えてくれる場所だ。海外旅行をしたとき、場所によってはいやな気分になることもあるが、台湾ではそのようなことは稀にしかない。

ひょっとして、私が日本人だから温かく迎えてくれるのかなと勝手に思ってしまうほど台湾人は優しい。

私は、1980年から5年間、電子機器会社のT社の台湾子会社であるTT社の高雄《たかお》営業所顧問として、高雄に駐在したことがあった。駐在時代には、台湾ではごく普通のことと感じられるが、日本人の私から見れば得難い善意というものがあった。

私が赴任して間もない頃、「日本統治時代に開発された知本《ちぽん》温泉と四重渓《しじゅうけい》温泉は、高雄から車でどのくらいかかりますか？」と営業所社員に尋ねると、彼らは「高雄から知本温泉までは車で4時間ぐらい、四重渓温泉は2時間ぐらいですかね」と教えてくれた。

それからしばらく経ったある日、「田代さん、我々もまだ行ったことはないが、中央山脈を越えて知本温泉に行こう」と誘っていただき、全員で社員旅行をしたことがあった。私の家族もぜひ一緒にと、妻と息子と娘も一緒に連れて行っていただいた。

こういった台湾人の善意というものは、私が勤務する世界に限られたものではなかった。私は健康のためにテニスを覚えようと高雄市内でテニスコートを探していた。市営のテニスコートを見つけ、早速窓口に申し込んだが、窓口の方は日本語があまり得意ではないようで近くにいた日本語を話せる年輩の台湾人が通訳してくれた。

結局、日本人の枠が空いていないということでそのときは入会できなかったが、1週間後に妻と2人での入会が認められ、すぐに練習ができるようになった。これは日本人への心遣いがあったのだと、あとから最初に通訳してくださった年輩の台湾人から聞いた。

帰国後も、台湾へは頻繁に商用・私用を問わず訪ねたが、いつ訪ねても台湾の人々は好意的な態度で迎えてくれた。このように「台湾の人々が、どれほど日本人に好感を持ち、親切にしてくれるか」を実感する機会を、これまでに何度も与えられてきたのだ。

一方、公的な面ではどうであろうか。

2011年3月11日に起こった東日本大震災に際して、台湾人は日本国民と苦しみを少しでも分かち合いたいと世界最多の義援金200億円を贈ってくれた。同年4月には台湾の王金平立法院長（国会議長に相当）を団長とする慰問団が2度、被災地を訪問し、被災者を励ましてくれた。日本もこの好意に応えるように、同年10月にNHK「のど自慢in台湾」を開催している。

ところで、なぜ台湾は、日本に対してこれほどの好意を寄せてくれるのであろうか？日本統治時代が良かったからとか、台湾とはアニメや日本文化を通じて広い交流があるからという見方もあるが、それだけでは納得できなかった。その疑問に応えてくれる本を探しても、見つけることはできなかった。

そこで、台湾にゆかりのある私自身が、統治時代のことから現在の台湾人の若者の心まで、その核心に迫りたいと思う。「戒厳令下の中華民国台湾省」「日本統治時代の台湾」「戦後の台湾」「現在の台湾」の4つの時期を中心に、台湾が日本に対して親近感を抱いている背景をご説明する。

この本を読めば、「台湾はなぜ親日なのか」、その理由をきっとわかっていただけるだろう。

平成27年4月吉日

田代 正廣

台湾はなぜ親日なのか　目次

第3章　戦後の台湾―蔣介石政権から陳水扁政権まで

第4章　現在の台湾―馬英九政権

第1章　私が見た戒厳令下の中華民国台湾省

児玉総督の銅像に蒋介石の頭を乗せた国民党政権

１９５２（昭和27）年以降の台湾経済が「奇跡」と言われるほどの順調な成長を続けていることに早くから注目し、台湾島内及び東南アジアの需要増に備えるための生産工場建設を検討していた私の会社は、１９６８年に台湾子会社ＴＴ社を桃園《とうえん》県（現・桃園市）楊梅《ようばい》に設立することになった。ＴＴ社はめでたく順調なスタートを切り、私も営業強化のため高雄《たかお》に顧問として赴任することが１９８０年5月に決まった。

同年6月、成田発の中正《ちゅうせい》国際空港（現・桃園国際空港）行きの日本アジア航空機に乗った。日本アジア航空は日本航空の子会社である。これは、日中間航空協定の締結に当たって、中国の申し入れにより日本航空の台湾への乗り入れが禁止されたため、日本アジア航空となったのである。１９７８年より運行されていた。

成田を離陸してから3時間後、日本アジア航空機は中正国際空港に着陸した。現在では桃園国際空港となっているが、当時は蒋介石《しょうかいせき》の号である「中正」を入れて中正国際空港と呼ばれていた。

このとき、台湾は蒋介石の長男である蒋経国《しょうけいこく》第6代総統の政権下にあったが、蒋介石政権時の1949年に発令された戒厳令はまだ解除されていなかった。そのため、入国時に政権を批判する記事が載った英文や日本語の新聞雑誌は、税関で全て没収された。戒厳令といっても、当時の自分にとっては馴染みの薄いものだった。

ここで、蒋介石が台湾に逃れてきた背景と、その政権下で発令された戒厳令について触れておきたい。

長男の蒋経国（左）と蒋介石（右）

1937年7月の盧溝橋事件から始まった日中戦争は、日本軍と蒋介石率いる国民党の中華民国軍との戦争という構図である。蒋介石は日本軍と戦うために毛沢東率いる共産党と第二次国共合作を成立させたが、これが十分に機能しないまま決裂してしまい、日本軍は同年12月に「中華民国」の首都南京を陥落させた。

それでも国民党は拠点を変えながら移動し、

日本軍の追撃から免れた。日本軍は打開策として「南京」に「国民政府」を樹立させ中華民国の「重慶政府」と対抗させようと目論んだが、「重慶政府」はアメリカ・イギリスの支援を受け、国共合作のもと日本軍に激しく抵抗を続けた。結局、1945年8月14日、米・英・中華民国によるポツダム宣言を日本が受託通告したことにより日中の争いも終わりを迎えた。

第二次世界大戦が終わって1年も経たないうちに中国大陸は再び国民党と共産党による内戦状態に入っていくが、国民党の形勢は悪く、台湾への移転に向けて本格的に準備を進めていった。

1948年12月、蒋介石の腹心の部下で、台湾省政府主席に任命された陳誠《ちんせい》将軍は、蒋介石の長男の蒋経国、次男の蒋緯国《しょういこく》と共に台湾に移動した。翌年2月には台湾各地の港と河口を封鎖、海岸線も管制下におき、許可証を持たない軍人や官吏、商人などの台湾上陸を厳しく制限し中国から押し寄せる難民の流入に歯止めをかけた。

こうして確実に体制を整えながら、5月1日に一斉に戸籍調査を行い、1949年5月20日にとうとう戒厳令が敷かれることになったのである。

中国大陸を失いながらも自らをまだ「中国正統政府」と思い込む国民党政権は、「大陸奪還」の目標を掲げ「大陸奪還のための臨戦態勢」という名目で戒厳令を敷いたのであった。この戒厳令とは、普通の法律を停止し、全ての民間人も軍の規則と命令に従わせるものである。

こうして十分な準備をしてから、蔣介石は１９４９年12月、南京・北京の故宮博物院で厳選の上没収した財宝を積み込んで、軍艦とともに台湾に逃げ込んできた。

この際に発令された戒厳令は38年後の１９８７年まで解除されることはなく、解除された後も国家安全法によって言論の自由が制限された。


これが、私が台湾へ赴任する際に敷かれていた戒厳令のあらましである。当然のことながら、このような戒厳令下にある国の入国審査は、前述したように新聞を没収されるなど厳しいものだった。入国する外国人にとってはあまり気持ちが良いものではなく、正直なところ何か陰湿なものを感じざるを得なかった。

それは台湾に逃れてきた蔣介石率いる国民党と外省人を含めた２００万人が持ち込んできた、中国人の本性すなわち中国王朝の残滓《ざんし》であった。

「外省人」という言葉がでてきたので、台湾の総人口と民族構成について簡単に紹介したい。

台湾の総人口は２０１４年12月現在で、約２３００万人である。そのうち、先ほどの「外省人」とは中華民国台湾省の外からやってきた民族を意味し、その数は約２７６万人（12％）である。

それに対をなし、もともと台湾に居住していた民族を「内省人」といい、約1978万人（86％）と台湾人口のほとんどを占める。内省人はさらに福建系1679万人（73％）と客家《ハッカ》系299万人（13％）に区別され、外省人や内省人よりも以前から台湾に居住していた原住民系46万人（2％）の民族がいる。本書ではこれらの民族を総称して台湾人と呼ぶことにしたい。

入国審査を終え、空港から台北市内に向かった。市内に入ると、台北は「中華民国の臨時首都である」ことを知らしめるためであろう、国民党政権によって街路名は全て中国大陸主要都市を彷彿させる街路名となっていた。中山北路[*1]、光復南路、忠孝東路、建国北路、復興南路、南京東路、重慶南路、長春東路、といった具合である。

蒋介石政権が重慶に逃げ込んだときも重慶の街路名を同じように変更させたというのは後で知ったのだが、それならば台北においても手慣れたものだったに違いない。

この中で特に目につくのは光復南路の「光復」だ。光復は日本から台湾を取り戻し、光が戻ったことを意味している。その他に「三民主義」[*2]のスローガンが多く目についた。

私は当時、台湾事情をあまり知らなかった。ただ、新聞で伝えられていた「蒋介石が『徳を以て怨みに報ゆ』と言って台湾を撤収する日本兵を安全に帰国させた」という話だけは記憶に残っていたので、その話をしてみることにした。

台北のＴＴ社本社に到着し、台湾人の社員に型どおりの挨拶をした後に「日本軍を安全に帰国させてくれたこと」に対して感謝の気持ちを述べたのだが、社員たちからまったく無反応という予想外の反応が返ってきたのだ。

そんな私に、謝さんという台湾人社員が寄ってきて声をかけてくれた。謝さんは日本人の母親を持つ内省人でその後もいろいろと良くしてくれた人だ。彼は、あまり大声で言えませんが、と前置きして「我々内省人は、蒋介石政権以降の国民党の政治には信頼を置いていないのです」と耳打ちをした。

このＴＴ社に外省人はほとんどおらず、その多くは内省人、つまり、福建人と客家人だと知ったとき、国民党政権を牛耳る外省人と内省人の間には「何か」があると感じた。

それから1年くらいして、私と私の家族は謝さんに蒋介石廟のある慈湖陵寝《じこりょうしん》や台北市内を案内してもらうことになった。慈湖陵寝を後にして台北に戻り、松山空港前から伸びている敦化《トゥンホワ》北路と敦化南路がぶつかるロータリーに来たとき、謝さんは「あの銅像を見てください」と車を停めた。

何かと思えば、蒋介石が馬に乗っている銅像である。私が銅像に目を向けていると、謝さんが「よく見てください。これは、第4代台湾総督府総督・児玉源太郎《こだまげんたろう》の像から頭部だけ切り取り、蒋介石の頭を付け替えただけのものですよ」と言う。

よく見るとまさにその通りで、蒋介石が日本陸軍将校の軍服を着ているのであった。

また車を走らせていると窓から中正記念堂が目に入ってきた。その中にも蒋介石総統の銅像があるというので、台湾島内にどのくらいその銅像があるのかと聞くと、なんと数万体はあるという。

それを見て私は、国民党は台湾の人々に個人崇拝を要求したのだろうと思った。さらに、別荘となると、極秘のものも含めて台北、日月譚《にちげつたん》、高雄等十数ヶ所にあるといっていた。

まだ時間もあったので台北の故宮博物院に入ったが、全部見るとなると丸3日間以上はかかりますよと言われたので、日を改めることにして博物院を後にした。謝さんが言うには、「この博物院の所蔵品は、蒋介石が台湾に逃れてきたときに台北に持ち込んだものですが、台湾に着く前に遭難して消えた所蔵品もそれと同数近くあった」そうだ。

私は台湾に赴任してすぐに、蒋介石や国民党について、新聞などメディアが発する情報しか知らなかったことを思い知らされ、蒋介石政権で虐げられていた内省人の気持ちを察することなく安易な発言をしてしまったことを恥ずかしく思った。

＊1：孫文の号。中国では「孫文」よりも「孫中山」の名の方が通称とされる。
＊2：民族主義、民権主義、民生主義から成り立つ中国革命の理論であり、中華民国憲法にもその趣旨が記されている。

日本時代を讃える周維新脳神経外科院長

私が台湾に赴任してから2週間後、慶応義塾大学の石川塾長（当時）が台湾を訪問されるとのことで、上司に誘われて私も歓迎会に出席させてもらえることになった。その席で私は多くの内省人OBとお会いすることができた。たまたま私の隣に、私より15歳くらい年上で品のよい内省人がいた。気さくな方で、流暢な日本語で話しかけられた。

その人は「脳神経外科医院長」の肩書きを持つ周維新さんといい、「私は戦前の日本時代に慶応大学医学部を卒業し、現在高雄で医院を開業しています。高雄に来たときには連絡をください」と名刺を差し出してくれたのだ。

周先生はそのとき私に新渡戸稲造、八田與一《はったよいち》、児玉源太郎などの日本人が台湾の国家の礎を築いてくれたという話をしてくださった。ずいぶんと熱心に話してくださるのだが、どれをとっても良く知らないことばかりであった。特に、八田與一、児玉源太郎などはあまり耳馴染みのない名前だった。それにしても、どうしてこれほどまで好意を寄せてくれているのだろうか。そんな疑問を抱いたが、そこではその程度で終わってしまった。

しばらくして高雄に移動した後、周維新先生の豪邸に私の家族一同が招かれ、奥様と長男ご夫妻も一緒に台湾料理をごちそうになる機会があり、そのときまた日本時代のことが話題にあがった。周維新先生は「台湾東部中央の花蓮《かれん》県にはニトベカズラ（新渡戸葛：別名アサヒカズラ）という花があって、台湾の気候風土を理解したうえで農業指導にあたった新渡戸稲造を慕って、現地の人がつけた名ですよ」と懇切丁寧に説明してくれた。私が日本統治時代の台湾には無知のようだと察したのか、「八田ダムの完成によって、嘉南地区で１００万人の農家が貧困から救われたのですよ」と八田與一についても、注釈を入れてくださった。

周維新先生をはじめとして、戦前の台湾人は我々若い日本人以上に台湾統治時代の日本人をよくご存知だと感心する一方で、さらにここでも自分の不勉強を恥じた。

しかし、そのとき周維新先生から八田與一や新渡戸稲造、児玉源太郎のことを教えてもらっていなかったら、日本統治時代の台湾で行われた植民地政策はどういう理念のもとに行われたのか、総督はどのような人物であったのか、また、その後に続いた多くの日本人が今でも尊敬されているが、彼らはどのような人物であったのか、などの疑問を探求することもなかったであろう。

内省人劉さんが語る大陸文化の残滓

外省人の多い台北に対して、内省人の多い高雄は野党的な色が強く、民主進歩党などの勢力の地盤となっている。また、内省人としてのアイデンティティへの志向も強く、私が台湾に来る前の年には民主化を訴える内省人が弾圧に遭う高雄事件[*3]が発生していた。

高雄営業所の劉さんもこの事件のことはもちろん知っていて、台湾の政治については台北以上に言論に気をつけてくださいと忠告してくれた。彼の祖先は4代前に福建省より高雄に来て、彼の両親は日本統治時代を経験していた。彼は私よりも5歳若かったが、日本語が流暢に喋れて、聞くときも日本語の微妙なニュアンスを十分理解できる日本ファンだった。

彼には仕事を兼ねながら台湾事情を教えてもらった。高雄営業所の顧客のほとんどは、高雄輸出加工区と楠梓《ナンズー》輸出加工区に入っていた。輸出加工区では税制の優遇、行政手続きの簡素化、為替管理の緩和と国外送金の保証などの優遇処置がとられていたので、輸出区内の各社は輸出向けの製品を生産することによって、外貨の獲得、国民の雇用機会の拡大、外貨資本の導入と技術の移転、国内産業の育成などに大きく寄与していた。これら台湾の輸出加工区はその後、中国を含む多くの開発途上国のモデルとなったようだ。

一方、台湾企業の話になると劉さんは「今ある台湾の主要な企業のほとんどは、日本統治時代の企業を引き継いだり合併させたりして誕生したんですよ」と言う。そのとき、私も詳しくは知らなかったので後で調べたところ、次のようであった。

台湾銀行は日本統治時代の台湾銀行、台湾貯蓄銀行、三和銀行の3つが合併してできた銀行で、台湾電力公司は日本統治時代の台湾電力だ。こうした日本より接収された主な公営また民間企業は、国民党政権下で国営や省営の公営企業となっている他に、県や市が引き継いだ企業もある。

これらの企業のうち、国営、公営には優先的に外省人がトップ幹部層として送り込まれている。つまり、国民党政権はいわば「棚ボタ式」の台湾占領により、領土と莫大な財産を掌中にしたということであった。

別の日のこと、劉さんに「台湾テレビで放映されている画面には必ず北京語の字幕が流れますね」と言うと、彼はいつものように周りを確認してから、「国民党は台湾の公用語を北京語にして、日本語は当然としても、台湾語までをも排斥したんです。我々内省人は、台湾語を学校教育など公の場で使用することを禁じられたのです」と悔しそうに話すのだ。彼は虐げられているように見えたが、あえてそれを笑いのネタにすることで心の晴れ間を掴んでいた。

そのネタというのが、１９５０年代の学校の教科書であった。中国語の教科書に「我是《ウオシ》中国人《ツォンコウレン》、你是《ニィシ》中国人、他是《タアシ》中国人（私は中国人、あなたも中国人、彼も中国人）」と書かれていたが、これを台湾語で音読みすると「餓死《ウオシ》中国人（中国人を餓死させよう）、捏死《ニィシ》中国人（中国人を絞め殺そう）、踏死《タアシ》中国人（中国人を踏みつぶそう）」となると言って大笑いしていた。

さらに劉さんは、外省人のことでも次のようなことを言っていた。

「日本統治時代には泥棒がいなくて取り付ける必要のなかった鉄格子が、台湾省になってから１階以上の窓に全て取り付けられているんですよ！　外省人は山賊、匪賊《ひぞく》も同然です」

また、車で移動していたとき前方の道路の真ん中に子どもが倒れているのを見たが、誰も助けようとしない。理由を聞くと、彼は「助けてあげると『あなたのせいでこうなったんだ!』とお金を請求されるのでほったらかしにしているんです」と答えた。あれは外省人の子どもの仕業だったのだ。

私が赴任した1980年代でも、蔣介石が引き連れてきた外省人のもたらす大陸文化の残滓は、至る所に見受けられた。

＊3：別名、美麗島事件。1979年12月10日の世界人権デー記念集会が、無許可で開催されたことをきっかけに衝突、流血騒動になった事件である。反国民党の指導者が一斉に検挙され、反乱罪として1人は無期懲役、林義雄ほか7名は懲役刑にされた。翌年、林義雄の自宅の実母と娘2人が何者かに惨殺された。のちの台湾民主化に大きな影響を与えた事件である。

「私も台湾人である」と宣言した蔣経国第6代総統

ある夜、テレビで台湾ニュースを見ていると、蔣介石の長男である蔣経国と外国人の妻の映像が流れていた。その妻とは、蔣経国がソ連共産党への留学時代にソ連で結婚したロシア人のファンニーナである。

共産党嫌いの蔣介石は、蔣経国が留学から戻るとすぐに中国の古典を勉強させて、結婚式も中国式でやり直させている。息子の中にある共産党を洗い流すためであった。

蒋介石が１９７５年に亡くなると、その直後に開催された国民党中央委員会の臨時会議で、「党最高の領導は主席とし、総裁は蒋のために永遠のものとして保留し、他の者が踏襲してはならない」というように党規が改正された。これにより蒋経国が主席に推挙されたのだが、蒋経国は国民向けの声明で、蒋一族による世襲を否定し、「私も台湾人である」と宣言した。国民党の期待とは裏腹に、台湾民主化の口火を切った最初の総統となったのである。

蒋介石の後継の座を狙っていた１人に、彼の妻である宋美齢がいた。彼女はたびたび「私が台湾である」と公言していたが、蒋経国の声明によってこの思惑は脆くも崩れ、引退を強いられることとなった。

台湾時代の蒋経国は、父・蒋介石のもとでは秘密警察を担当し父の私物を守る仕事をしており、彼は国家をも私物とする「国民党」への風当たりが強いのをよく知っていた。そのため、自らが総統になると、台湾民主化を進める１つの布石として、副総統に内省人の李登輝《りとうき》を起用することを考えていた。

まず１９８１年に李登輝を台湾省主席に任命し、その３年後に副総統候補に推薦した。選挙の結果、李登輝は晴れて副総統に就任した。

この時期は、蒋経国の登場により台湾が民主化に向かっていると見せておきながら、国民党による秘密警察政治が公然と行われるという矛盾を孕んでいたときである。それを象徴する2つの事件が明るみに出た。

アメリカのカーネギーメロン大学の助教授である陳文成博士は、アメリカで国民党政権をたびたび批判していた。1981年7月、台湾に一時帰国した陳博士は警備総司令部に呼び出されたまま帰宅せず、翌日、台湾大学構内で遺体で発見された。遺体には数々の暴行の跡があり在外台湾人批判者に対する見せしめともいわれている。

さらに、1984年10月、アメリカ国籍を持つ作家・江南が、国民党政権の内幕を暴露する『蒋経国伝』の出版をめぐって、国防軍軍事情報局が派遣した台湾のヤクザ組織により、サンフランシスコ郊外の自宅で殺害された。これは蒋経国の次男である蒋孝武《しょうこうぶ》の命令だったことが判明し、国民党政権は江南の未亡人に慰謝料を支払い和解した。

このような、政権批判者に対する国民党の抑圧は米国市民の憤りを惹起し、親台湾派といわれるレーガン大統領は台湾の民主化を推進するよう国民党政権に圧力をかけた。

2人の尊い犠牲によって台湾民主化推進の契機を得たことで、1986年9月の野党・民主進歩党の結党容認や1987年7月の戒厳令の解除につながり、後述するように1988年、蒋経国亡きあと李登輝が総統に就任し、今日の民主化をもたらすことになる。

中国の「中国はひとつ」という圧力

日中国交回復は1972年のことであったが、中国は、日本に対して「ひとつの中国」しか認めなかった。台湾との関係において、日本は北京の強圧的態度に押され、「華」あるいは「台」を付ける勇気が乏しかったようだ。そのため、今でも日本と台湾の交流の架け橋として活動する「交流協会」は「日台」の文字を冠していない。

ちなみに、日本より7年遅れて中国との国交を樹立したアメリカには、2つの中国が認められていた。中華民国とは断交になったが、そのときにアメリカ連邦議会は台湾関係法を制定し、台湾防衛を公的なものとして義務づけたからである。

その当時、私はまだ台湾の子会社に赴任しておらず日本にいたが、自分の勤務していた会社が台湾を棄てるか、中国をとるかという決断を迫られていることは知っていた。その後、会社は「雇用している中華人3000人を路頭に迷わせることはできない」と突っぱね、台湾を選んだ。

その決断を下した会長がいなければ、私が台湾に赴任することもなかったであろうし、台湾での多くの出会いもなかったのだと思うと、当時の会長には感謝の気持ちで一杯である。

ところで話は俗っぽいものになるが、１９８０年代前半、私が高雄に駐在していた頃に現地のカラオケ店では細川たかしの「北酒場」や、谷村新司の「昴」、吉幾三の「雪国」などの日本歌謡曲が流行っていた。一方、台湾の曲で日本人に特別人気のあったのが『中華民国』だった。現在も台湾で歌われているかわからないが、日本に帰ってくると必ず台湾系のカラオケ店に行って歌っていた美しい旋律の曲である。だがそれも、10数年前には中国当局の指示で、日本の台湾系カラオケ店でも禁止になってしまったようだ。

劉さんは美しいメロディをもつ『中華民国』の歌詞の発音を、丁寧に指導してくれた。ここで聞いてもらえないのが残念であるが、歌詞を載せたいと思う。

青海的草原　一眼看不完　青い海の草原は一望できない程広く
喜馬拉雅山　峯峯相連到天邉　ヒマラヤの峰々は　天の果てまで続いています
古聖和先賢　在這裡建家園　昔の賢人たちは　ここに国を築きました

風吹雨打中　聳立五千年
中華民國　中華民國　経得起考験
只要黄河　長江的水不断
中華民國　中華民國
千秋萬世　直到永遠

風と雨の中で　五千年になります
中華民國　中華民國　試練の中で
黄河と長江の水がある限り
中華民國　中華民國
千秋万年　いつまでも永遠に

戒厳令下にある内省人の親日度合い

先に登場した周維新先生は日本統治時代に教育を受けた代表的な「日本語世代」であり、内省人劉さんはその後に続く世代である。２人とも日本語を大変流暢に話すことができて日本語の機微も理解できる親日族である。

また、２人以外の、例えば我々の顧客にいた日本語世代の方々も、多くが日本人に好意を示し日本統治時代のインフラ構築に感謝し、尊敬してくれている。

そのような親日度の高い世代である「日本語世代」も１９９０年代にはほぼ第一線を退くこ

とになるので、台湾の親日度は下がるのではないか。そう思っていたが、私は若い世代も日本への憧れが強く、また親日度も高いという場面に出会った。

私が高雄に駐在していたある日、日本にいたときの知り合いで、C社研究所のYさんから電話があった。その翌日高雄に来られたので、早速、高雄のカニと海鮮料理で有名なお店で食事をした。食べ終えた頃、Yさんは突然カバンの中から、大きなビニール袋を取り出した。そこに入っていたのは時計、それも全て新品の液晶デジタルウォッチとアナログ水晶ウォッチであった。10個くらいあっただろうか、これらは全て今で言うアウトレット商品だったようだ。

それを店員の小姐《シャオチエ》に見せると、周りの小姐も、また厨房の中の料理人まで集まり、この時計を覗き始めるのだ。そのうち「多少銭？《ドゥオーシャオチエン》（いくらですか？）」と言われ、紙に日本語で値段を書いて取引が始まり、たちまちのうちに売り切れてしまった。ところが、店長らしき小姐は、Yさんのはめていた高価なアナログ水晶ウォッチに目をつけて欲しがり始め、お人よしな日本人のYさんは結局、彼女に売ってしまった。

どの店員小姐たちも日本製の時計を手にした喜びで一杯だった表情が印象に残っている。売り切ったYさんも満足のいく顔をしていたが、自分の腕時計までせびられ少し困惑していた。

このように、私は台湾に来てからというもの、日本や日本のものに好意を寄せる老若男女に会っていた。しかし、日本統治時代を知らない若い世代はまた別にして、周維新先生にしろ、内省人劉さんにしろ、台湾ではエリート層である。そういうエリート層が日本統治時代のことを高く評価してくれるからといって、それが台湾人の総意なのだろうか。そのような疑問が少しずつわいてきていた。

私は時間があるときには妻と高雄テニス場に行き、内省人のコーチからレッスンを受けていた。彼もまた日本ファンだったが、台湾におけるエリート層というわけではなかった。

ある夜、高雄テニス場にきたコーチの父親とも話す機会があった。父親はまさに「日本語世代」の方で、周先生と同世代である。そのとき、予想外の話を聞いたのだ。

「神社参拝は嫌だった。教師や憲兵に怒鳴られてばかりで嫌だった」との悪い評価だった。

それまで接してきた親日族のエリート層の方々は日本人である私に配慮して親日的なことを言ってくれただけで、庶民派の方たちが同じように思っているとは限らない。この話もまた真実なのだろうとそのとき思った。

したがって、エリート層内省人が「日本は台湾を衛生的な国にして、立派で頑丈な建物も建ててきた」「教師が良い人で尊敬できた」などとインフラ整備や秩序等に関して高く評価しているからといって、これをもって台湾は日本の統治時代を称賛していると結論を出してよいのかということを、このとき初めて逡巡するところとなった。

私は、台湾語や北京語は片言でしか話せなかったので、相手が話せる日本語での会話ばかりだったが、この日本語で話すことが盲点になって、内省人の気持ちも本音も掴めていなかったのだ。

日本統治時代を経験した人々に「教師でも台湾人を差別した教師はいたか」「天皇崇拝や神社参拝を強制されたか」というような質問をすると、庶民派の人々からは、日本のあまり良くない評価も聞こえてくるのではないだろうか。

内省人は外省人と北京語で話すとき何と言っているのか、内省人同士ではどうなのか、その確証を得たい。そう思っていたとき、高雄に20年駐在して台湾の生き字引と呼ばれている、私より年上の日本人から「内省人の本音はその場の雰囲気や言語や気分によって、だいぶ変わるようだ」と聞いた。

また、その人から「犬はうるさいが、それでも番犬になる。豚はただ貪欲に食い散らすだけだ」と内省人が言っていたということを教えてもらった。

「犬」は日本統治時代に口やかましかった日本人のこと、「豚」は戦後国民党とともにやってきた、腐敗し切った外省人のことを指すようだ。これこそが内省人の本音なのかもしれない。

日本統治時代の台湾において、日本人は現地の台湾人に対して差別的な態度をとってしまったこともあるだろう。仮に日本が、植民地を高圧的に支配する欧米とは異なる、島民のための植民地政策を実施したとしても、軍事支配そのものと憲兵に代表される居丈高な官吏は、憎悪と恐怖の対象となる。「犬」と表現するのは妥当な評価かもしれない。

それにもかかわらず、「日本語世代」は日本を高く評価する声が多かった。

第2章からは、この疑問を解き明かすべく、それぞれの時代に焦点を当てていきたい。

第２章　日本統治時代の台湾

台湾が歩んできた道のり
――オランダ占領から台湾を解放した鄭成功の母親は日本人

私が台北の子会社にいたとき、知り合いの台湾人の鄭《てい》さんから、「台湾、いや台南をオランダ占領から解放してくれた鄭成功《ていせいこう》の母親は日本人ですよ」と、自分と同姓ということもあるのか、誇らしげに親しみをこめて言われたことが印象に残っている。

高雄営業所に移って、内省人の劉さんや他の社員と会話をしていても、日本統治時代の児玉源太郎などの話が自然に出てくることはほとんどないが、「鄭成功の母親は日本人だ」という話はたびたび出てきた。戒厳令下の当時では、日本統治時代のことを堂々と話せるような言論の自由はなかったのである。

戒厳令下でも堂々と話せるのが「日本人の母親」を持つ鄭成功のことであった。劉さんは、オランダ人が築いた最初の城塞ゼーランジャ城（現・安平古堡《あんぺいこほ》）と、台湾民族の英雄・鄭成功が祀られる延平郡王祠《えんぺいぐんおうし》に案内してくれた。そこの正殿には鄭成功の座像が、後殿には鄭成功の母・田川マツの位牌が祀られている。劉さんもこのとき「台湾、いや台南の英雄の母親は日本

鄭成功が祀られる延平郡王祠
(© Bunkichi Chang and licensed for reuse under Creative Commons Licence)

人ですね！」と誇らしげに言っていた。

それでは、台湾が「麗しき島」と言われた時代に遡り、日本に統治されるまでの道のりを振り返ってみたい。

16世紀頃、ポルトガルの冒険商人によって「Ilha《イラ》 Formosa《フォルモサ》（麗しき島）」と呼ばれた台湾は、倭寇や海賊の巣窟だった。

この海賊集団は、朝鮮半島や中国大陸の沿岸部、東アジア諸地域で密貿易を行っており、明王朝は、海禁令を出して民間の交易を禁じるなどの倭寇・海賊対策をとっていたが、結局台湾に逃げられていた。その頃、台湾という島の内情はあまり知られておらず、風土病の蔓延する恐ろしい未開の島と考えられていたため、明王朝も深追いはできなかったとされる。

倭寇や海賊だけでなく、中国の福建や広東からも台湾へ移住する者が急激に増加し、やってきた漢族系の移住民は、平埔《へいほ》族を除く平地にいた先住民を山間部に追い込んでいった。彼らは移住民に押されてまるで山岳民族のような生活を強いられるようになる。これらの先住民は、今日の台湾では高山族と呼ばれている。

先住民は18の部族に分かれてそれぞれの言語と風俗習慣をもち独自の社会を構成していたので、台湾に統一された1つの政権や王権は樹立されていなかった。16世紀末に、豊臣秀吉が原田孫七朗を使者にたて台湾の高山国に入貢を促したが、そもそも台湾のだれに書簡を渡せばいいのかわからなかったほどだという。

17世紀初めになると、インドネシア方面からオランダ人が北上し、フィリピンからはスペイン人が姿を現した。オランダは台南を、スペインは台北を占領するが、後にスペインはオランダに追われ撤退する。明王朝と異なり、オランダは台湾の肥沃な土地と物産に着目し、単なる貿易の中継拠点ではなく搾取型植民地として統治した。

一方、大陸に目を向けると、この頃の明王朝は満州族に押されていた。そこで明王朝は、東アジア海域に勢力を張る海賊の首領、鄭芝竜《ていしりゅう》を招き、その軍事力と資金力に期待をかけた。この鄭芝竜の息子・鄭森《ていしん》が、のちの台湾の英雄・鄭成功である。鄭芝竜は日本の平戸に滞在中、日本人である田川氏の娘マツと結ばれた。マツと鄭森は弟とともに１６３１年に中国に渡っていた。

風前の灯だった当時の明王朝は、王朝最後の皇帝が自害し終わりを迎えた。明王朝の残党はその後、南京で南明王朝を樹立し、これに対抗して鄭一族は翌年に、福州で自らの勢力を基礎とした唐王を擁立して隆武帝とした。このとき、21歳の鄭森は隆武帝に拝謁し、「忠義を尽くせ」との言葉と明王朝の姓（国姓）である「朱」を授かり、名も「成功」と改められた。近松門左衛門の浄瑠璃「国姓爺合戦」は鄭成功の活躍を主題として書かれたものである。

ところが、清軍が南進してきて鄭芝竜を幽閉し、妻のマツは清軍の凌辱を受け自害した。これを知った鄭成功は、君国と父母の仇を討つことを誓ったものの、実際には敗戦が続き、戦力を立て直すために台湾に逃げ延びた。

鄭成功（1624-1662）。絵は台湾西部の原住民タオカス族のものとされるが明確ではない。

台南に上陸した鄭成功とその軍団は、

1662年にオランダ勢力を駆逐した。38年間にわたるオランダ支配からの解放であった。オランダ人に憤懣《ふんまん》を抱き、敵愾心《てきがいしん》を燃やしていた台湾の移住民は鄭成功の軍勢を歓迎した。鄭成功の軍団はその家族も含めると約3万人にもなる、中国から台湾への最初の集団移民だった。

ところが、その台湾の英雄は移住後1年足らずで亡くなってしまう。39歳という若さであった。台湾に関わった期間は短かったけれども、オランダの圧政から台南を解放してくれたという事実は消えることなく台湾の人々の心に残っている。その鄭成功の母親は日本人だったという日本とのつながりが、現代の台湾人が抱く親日観の原点となっているのではないだろうか。

鄭成功の死後も彼の子孫らが抵抗を続けたが、清国政府は「反清復明」を国是とする鄭氏政権の台湾に対して鄭氏に背いた施琅《しろう》*4を使って台湾攻略に成功し、20年間強の鄭氏政権の幕が下ろされた。

台湾を領有した清王朝はその統治には消極的であったが、ある事件以降に積極的な姿勢を見せるようになった。それが、牡丹社事件である。1871年、台湾南部に漂着した琉球の宮古島の住民66名のうち54名が牡丹社（部落）の先住民に殺害され、残る12名はかろうじて帰国することができたという事件だ。これに対して日本は清国政府と交渉したが、その地域は「化外の地」つまり管轄外だとして、責任を回避した。そこで、日本は台湾南部を占領して清国に圧力をかけ、両国に北京専約[*5]を結び収束した。この一件がきっかけとなって清国政府は積極政策に転換し、台湾内の通信用送電線の敷設、行政区画の再編成、土地調査の実施、鉄道局や電報総局、官医局などの設置を行い、環境を整えていった。これらはその後の日本統治時代の基礎となるものである。

その後、1894年に朝鮮の独立をめぐって戦端を開いた日清両国は、約10ヶ月にわたり戦火を交え、1895年4月に日清講和条約を調印した。この際に台湾が日本に割譲されることが決まったのだが、問題は清国が台湾島民にそのことを一切告知しなかったことである。その翌日、在台湾の清の官僚や民間の上流階級層等はこれに反対し、台湾独立の準備が進められ、「台湾民主国独立宣言」が布告された。急ごしらえではあったが、その着想は最高の選択であった。だが、指導者の選択を誤ったのだ。

清から派遣されていた台湾長官の唐景崧《とうけいすう》が台湾民主国の初代総統に任命された。ところが彼はあろうことか公金40万両《テール》（当時の約70万円）を上海に送金し、老婆に変装して淡水からドイツ汽船でアモイに逃亡したのである。独立式典よりわずか2週間たらずのことであった。総統の唐景崧に誘われるかのように副総統や大将軍らが相次いで逃亡し、台湾独立の夢は消えた。台湾人は、詐欺集団である中国人の素性に無知であった。去るものが去った後、大陸文化に染まっていない残った台湾人は、「中国人官僚にとって公金を横領することは、何ら罪深いことではないのだ」と初めて中国人の本性を知った。台湾民主国は崩壊しても、日本へ台湾が割譲されることに対して、台湾人の抵抗は続いた。

＊4：かつては鄭芝竜の部下だったが、鄭芝竜が清に降伏したため清側についた。鄭成功が南明に誘ったが、それを拒否したという経緯がある。
＊5：台湾への進軍は日本国民を守る正当なものであること、清国政府による被害者への賠償要求、および台湾先住民の取締り要求の3つからなる条約。

日本統治時代始まる

日本は、1895年4月、日清戦争の終結に伴う下関講和条約で、遼東半島・台湾・澎湖《ぼうこ》島を割譲する権利と2億両（約3億5000万円）の賠償金を獲得した。

締結後、台湾には約5万の陸兵と艦隊が派遣されたが、日本占領に抵抗する土匪《どひ》のゲリラ活動の横行に手を焼き、さらに、阿片の習癖、住民反乱や伝染病にも悩まされ、日本が初めて獲得した植民地・台湾の経営は悪戦苦闘の連続だった。それにより台湾総督府の民政費も膨れ上がり、財政危機が懸念されていた。国際社会にデビューして間もない日本が植民地政策をどのようにしてゆくのか、フランス、ロシア、イギリスなど列強諸国は注視していた。

下関条約で日本にやってきた清国の全権李鴻章《りこうしょう》は、台湾を割譲するとき、伊藤博文首相に「台湾には4つの禍がある。それは阿片、土匪、首狩り族、風土病で、統治は不可能です」と伝えたという。

当時の台湾文化は旧清国文化の影響を多いに受けていたのである。漢民族以外は野蛮人であるという中華思想も、纏足《てんそく》も、大陸からの移住民によって持ち込まれたものだ。阿片もそのうちの1つにすぎない。司馬遼太郎も『台湾紀行』の中で、台湾の絵はがきに見られる阿片吸飲情景について「当時の富貴な家では、自分の息子がそとで酒色に溺れて家を敗るよりも、家で阿片を吸うことを奨励した」と記している。1842年8月に清とイギリスによる阿片戦争は終結したものの、しばらくの間は清国内から阿片が絶えることはなく、この悪弊は19世紀末に香港あるいは澎湖島を経由して、台湾にも蔓延していた。

また、北京や上海に立ち寄ったドイツ人のハインリッヒ・シュリーマンはその著書で、中国人は「蒸気機関に対して嫌悪感を抱いている」とし、「それは、『先祖の墓』と呼ばれ、聖なるものであり、そこを侵すことは冒涜、かつ死に値するとみなされる」からだと書いている。清国では、どんな曲がりくねった線路を敷いて鉄道建設をしても、必ず「『先祖』の休息を乱し、神聖なる風習に背いてしまう」という理由で撤去されたのだった。先祖の墓を守るという思いは台湾の漢民族系移住民も同様であった。

台湾割譲の噂が現地に伝わったとき、人々は愕然とした。特に、漢民族系移住民が集中している台南を中心とした南部と中部では、大陸同様に華夷思想[*6]が浸透していたため、現地の人々は割譲の相手が一段下と見ていた日本であることに戸惑い、憤激した。日本人を「倭人」として侮蔑し、「日本は東夷のひとつだ」「東海の小さな野蛮国でないか」「話に聞くと弁髪を切り纏足と阿片を禁じるらしい、そのような野蛮な国に支配されたくない」と激しく抵抗し続けた。

日本軍は、新開拓地であり移住民もそれほど定着していなかった台北を中心とした台湾北部をたやすく制圧できたので、南部と中部も同じように苦労はしないだろうと考えていたが、大苦戦を強いられたのだ。

ゲリラ戦に手を焼いた日本軍は、抗日派の疑いのある村をまるごと殺戮するといった強硬手段に出た。これが更なる反発を呼び、蜂起が拡大した。特に台湾南部の雲林地方攻略の際に一部の日本兵が婦女子を強姦殺害したため、これが報道されると郷土防衛のため多くの台湾人が義勇兵に加わった。また､台東の先住民の戦闘員約700名が南部の移住民の部隊に加わった。

こうして「倭人」という共通の敵を相手に戦ったことで、彼らに「台湾人」としての意識が芽生えてきていた。

このような悲壮な抵抗に苦戦し、日本軍は台湾全島の鎮圧に5ヶ月も要したが、遂に台南の無血入城を果たし、各地にいまだ散発的な抵抗が残る1895年11月18日、初代台湾総督府総督の樺山資紀は、大本営に台湾全島の「平定」完了を報告した。

だが、皮肉にも、このあとから台湾全島各地で土匪のゲリラ活動が活発になっていた。残っていた土匪が息を吹き返したのだ。彼らは主に清の時代より、農民から税金と言いくるめて収穫の30~40%を日常的に搾取していた無頼の徒である。家の主人や婦女子を誘拐して身代金を要求することもあった。

軍部も台湾統治の確立を急いでいたが、この土匪対策については、初代総督より3代総督まででは困難を極めていた。

樺山総督は1895年5月に赴任したが、約1年後の1896年6月に台湾を去っている。統治には理想も情熱もなく、反乱と討伐に明け暮れる日々に嫌気がさし、辞任を申し出たのである。

第2代桂太郎総督は、衛生問題の解決に着手しようとするが、元来、中央政界への野心が強く東京の政局ばかりを気にしており、政変で伊藤内閣が倒れたのを機に半年間も経たないうちに辞職している。

第3代乃木希典総督も、当時、陸軍次官であった児玉源太郎から要請を受け就任したが、1896年10月に赴任して1年と4ヶ月で辞表を提出している。

乃木希典が赴任したときも土匪の抗日ゲリラ活動は激しさを増すばかりで、武力鎮圧を試みるも泥沼状態が続き、植民地の統治は一向に進展しない。行政はもはや機能停止状態であった。これに加えて、総督府の汚職の横行である。綱紀がゆるんだ官吏達は、日本から来た一旗組や台湾の商人との癒着がひどくなるばかりであった。

乃木希典は何ら手を打つことができなかった。衛生問題には関心を示すことがなかった。「近来、頓《とみ》に記憶力亡失致し……」というのが、辞任の理由であった。

しかし、「その後釜として台湾を統治できる男は児玉しかいない」と児玉源太郎が引っ張り出されたことが、台湾統治の転機となったのだ。

＊6：中華思想と同義。中国を世界の中心の文化の卓越した地であるとし、周辺諸国を劣った野蛮な国とする考え。漢民族と異民族を差別する言葉でもある。

征討することではなく、島民の幸せを計る児玉源太郎

2012年に友人の後藤さんと台湾を訪れたとき、台北駅近くの二二八和平公園を歩いていると、国立台湾博物館（旧・児玉総督後藤民政長官記念館）が目にとまった。

これは児玉源太郎、後藤新平の偉業をたたえるために建設した博物館で、そこの3階の一角に児玉総督と後藤民政長官の銅像が置かれていた。その階の中央には、苗の品種改良の変遷をたどる史料や当時のインフラ整備資料も展示されていた。このような展示は私が台湾に駐在していた頃には見ることができなかったが、1992年に言論の自由が認められてから可能となったのである。

翌々日、高雄に行ったとき、昔の仲間である劉さんにこの展示について聞いたが、ちょうどオープンしたばかりだったので知らなかったようだ。

それにしても、平日であるにもかかわらず、20歳前後の大学生と思しき台湾人がたくさん来ていて、資料をじっくりと見ながらメモをとっていた。彼らは、おそらくアニメなどの文化を通じて日本ファンになった世代であろうが、日本統治時代のことも勉強している姿がとても印象深かった。

展示を見ながら友人の後藤さんが「台湾で今でも尊敬されている日本人がいたんだね」と言っていたが、日本では児玉源太郎を知っている人は多くはないだろう。

さて、それでは台湾の第4代総督・児玉源太郎の軌跡を辿ることにしよう。

台湾に赴任する約2年半前の1895年8月、児玉源太郎は、後藤新平とともに日清戦争の大本営が置かれた広島で、とある問題解決に従事していた。中国大陸から広島に戻ってきた凱旋将兵23万人の検疫という大事業だ。児玉と後藤はこの事業に不眠不休で取り組み、わずか2ヶ月で成し遂げたばかりであった。

後藤新平はこの一件で手腕が認められ、検疫事業前に就いていた内務省衛生局長の座に戻った。その後、1898年1月、井上蔵相から「台湾統治救急策」の立案を求められ、「本国の制度を押し付けず、自治の慣習を重んじながら、鉄道、水道、電信、病院などのインフラの整備によって、民心を一変すること」と自分の考えを述べた。つまり、法令で植民地を支配することには反対であると強調している。

この「台湾統治救急策」が井上蔵相に認められたことと先の検疫事業の功績が考慮され、伊藤博文首相は第4代総督に児玉源太郎を、民政局長に後藤新平を選んだのであった。統治は困難という定評があった台湾統治に、最強のコンビで尽力することになる。

台湾総督府時代の後藤（左）と児玉（右）

児玉という人間は、部下の実力を見抜き、私心がなく、部下に全幅の信頼を寄せ、自らが部下の盾になってでも任せる人物であった。後藤は、児玉ぐらい卓越した政治力と人を見る目を持ち、部下の心を掌握できる人物と出会ったことがなかったと述べている。

日清戦争後に伝染病が日本へ上陸するのを防ぐため、広島の大本営に臨時陸軍検疫部を設置することになったとき、児玉は医務責任者に後藤を据えることに決めた。なかなかそれを承諾しない後藤を三顧の礼をもって迎え入れ、実際に後藤が事業にあたるようになると、後藤批判をくり返す軍人から守る盾にもなった。こうした児玉の想いにふれ、後藤も獅子奮迅の働きで検疫事業を完遂した。

検疫事業終了の挨拶に向かった後藤に対して、児玉は労をねぎらったあと、1つの箱を渡し「これは君の勲章だ、家に帰ってあけてみよ」と言った。箱の中には、後藤新平への攻撃、不平不満の電報がぎっしりと詰められていた。このとき、後藤は「児玉の人間の大きさがわかった。偉い人だ、人間のケタが違う。胸が熱くなった」と述懐している。

こうして、児玉は後藤を「信頼」し、後藤は児玉を「尊敬」する師弟関係が結ばれたのである。

1898年3月28日、後藤とともに台北に着いた児玉には、台湾統治にあたって1つの信念があった。それが次の後藤への言葉に表れている。

「台湾の統治の目的は、征討することではなく、安定した生活をもたらすことである。君に民政をすべて委ねるから、優れた人材を配置し、思う存分仕事をしてくれ。台湾も日本と同じアジア人の国だから、近代化を図り、根底から変えてほしい。部下の実力を見抜き、部下を信頼して任せ、自分の損得を行動基準に置かず、人物本位を徹底するように」

これらの考えは、産業で得た利潤を本国に吸い上げる欧米型の植民地政策とは根本的に異なるものである。民衆から搾取するのではなく、民衆に忠誠を強いるものでもなく、民衆とともに生きようとするものであった。

全くの未開発社会であった台湾のどこから手を打つべきか相談を受けた児玉は、まず「土地調査」「台湾縦貫鉄道敷設」「基隆港築港」の三大事業と「12の施策」を民政の柱として打ち出すことにした。また、当時腐敗を極めていた日本人公務員の綱紀粛正も実施し、軍人が民政に口を差し挟むことも禁じた。児玉に力量と人徳があったからこそ、軍人は従った。

実際の民政は後藤に任せて、本人は、現地の人々との宥和と信頼を築くことに尽力したのである。そのために、老人を敬う土地の習慣を尊重して敬老会を開催したり、教育を盛んにしたいと全島の秀才や有識者に協力を呼びかけて「揚文会《ようぶんかい》」を定期的に開催したりと、人心の機微をつかんだきめ細かい宥和策の努力により、台湾人は徐々に心を開き信頼を深めていった。

後藤は、このような児玉の陰の働きに支えられて、思う存分手腕を振るうことができた。

インフラ整備をはじめ、多くの開発を行うには膨大な先行投資が必要となることは児玉も後藤も重々承知していた。そこで、その開発資金を捻出する方法として考え出したのが、公債の発行である。当初の計画では、公債を発行して世界中から開発資金を集め、産業振興やインフラ整備を進めることで得られる経済発展に伴う開発利益で借金を返済するつもりだった。

しかし、何もかもが順風満帆にはいかない。「台湾事業公債法」を実現させるため、東京に戻った後藤が政府と交渉したところ、当初6000万円としていた予算が4000万円に減額され、さらに帝国議会で3500万円にまで減額されてようやく議会を通過した。

児玉はそのとき、東京の後藤に台湾事業公債の件で次のような命令書を送っている。

「台湾事業公債も順調にいっているようで満足している。しかし2、3年の間は公債の引受先がないであろうから、台湾銀行を利用して借入を充用するようにとの松方大蔵大臣の考えは、台湾総督府にとって公債募集よりかえって便利と承知した。台湾銀行も創立1、2年は資本運用の方法を充分に開けず、総督府への貸付をむしろ望むだろうと推測する」

1899年3月に公債法は公布されたが、案の定、初年度の公債321万円は引受先がなく発行できなかった。事業公債法が公布されてからわずか1週間後に設立された台湾銀行からの借り入れで賄った。このときも、児玉は陰で松方大蔵大臣に、万が一のための支えをしてくれていた。

なお、公債総額は1904年になって3500万円から4000万円に、さらに1908年には7350万円に増額された。

台湾銀行設立の目的は、統一紙幣の発行や企業家への事業融資であったが、紙幣発行権をもつ特殊銀行で、一般商業銀行の業務も、貿易業務も、国庫金の取扱いも行った。設立から5年後に台湾銀行券が発行され、同時に台湾の貨幣が統一されると、総督府の公共事業に要する莫大な資金が台湾銀行の事業公債によって調達された。

この莫大な資金で産業振興やインフラ整備を進めた結果、台湾経済は急速に発展し、1905年以降、日本政府からの補助金を受けることなく財政的に独立することになる。台湾銀行からの事業融資また事業公債によって台湾のインフラ基盤を整えながら、殖産興業にも着工し、砂糖事業の増産に挑んだ。また、お茶、米、阿里山《ありさん》開発にも取り組んだ。

こうした努力が実り、当初700万円の赤字だった台湾経営が、7年後の1905年には黒字となり、500万円の余剰金を生むことができたのである。

「土匪を根絶させ、悪疫を除き、産業を興し、国民の幸せを計る」という目標に邁進してきた児玉と後藤の苦心惨憺《くしんさんたん》の台湾経営は、8年という月日を経てついにその目標を達成したのである。

台湾の奇跡的な成功は、後藤の国家経営能力もさることながら、児玉が陰に陽に後藤の民政施策の実行を支えたことが大きく影響している。

それでも児玉は、「俺のやったことなどたいしたことではない。すべて後藤がやり遂げたこと」と淡々としていた。


現代の日本人で、そんな児玉源太郎について知っている方は稀だろう。ましてや、江の島に児玉神社があることなど、ほとんどの日本人は知らないのではないだろうか。私も、友人の後藤さんと参拝しに行ったが、初めて訪ねたこともあり、まず神社の入り口がわからなかった。入口は江島神社の左側にある。

児玉神社は1918年に創建された。児玉は、この江の島をことのほか愛していたという。これを知っていた日本の有志達は、この地に記念碑でも建立しようと寄付を集めたが、思うように集まらなかった。

この話が台湾に伝わると、瞬く間に児玉を敬愛する有志達が先頭に立ち浄財を集め、建立されたのである。社殿、神楽殿は、台湾の阿里山檜でできている。没後100年を記念して2006年に開催された例大祭では、李登輝元総統により揮毫《きごう》された「児玉神社」扁額の除幕式が行われた。

私利私欲を捨て公共のために一身を捧げた後藤新平

台湾で後藤さんと国立台湾博物館（旧・児玉総督後藤民政長官記念館）の見学を終えて空を見上げると、総督府（現・総統府）の中央塔がそびえていた。

台北のシンボルである総督府は森山松之助によって設計され、1919（大正8）年に竣工したルネッサンス様式の壮麗な建物である。

二二八和平公園を右手に、全長400メートルもある両側10車線の凱達格蘭《ケタガラン》大道《たいどう》を左手にして中空にそびえ立つこの総督府を見上げていると、まるで威圧されているような感覚に陥った。

400メートル道路の方を指しながら、奇しくも後藤新平と同姓の後藤さんが「100年前の東京にも、これほどの近代的な道路と街はなかっただろう。そういえば、下水道は全く臭わないね」と感心していた。

また、「街をつくるとき、壊された台北城の城石がもったいないと再利用したらしいね」と付け加えた。余談だが、後藤さんは台湾に来る前に区役所の台湾文化講座で台湾事情について勉強していたそうで、なかなか博識であった。

凱達格蘭大道。奥にそびえるのが現・台湾総統府である。
（© Kamakura and licensed for reuse under Creative Commons Licence）

今も残るこの近代的な街は、１１９年前にこの周辺にあった台北城を壊して造られた。街づくりの一環として、台北市の下水溝工事や、水害から市民を守るための堤防も造られている。

後藤の不言実行の裏に「国民の衛生水準を向上させることが、まさに国が豊かになる源泉となる」という理念があったからだ。

台湾の慣習を重んじたインフラ整備

さて、それでは後藤新平の台湾統治を辿ることにしたい。

１８９８年3月28日、基隆港に着いた児玉と後藤は、基隆から新竹に至る鉄道約１０７キロを利用して、基隆から列車に乗って、台北に着いた。清国より解放されて3年が経っても、台湾には、まだ各地に抵抗をやめない多くの土匪が存在していた。今度の新総督はどのような施政方針を表明するのか、台湾の官民が固唾をのんで見守っていた。

着任直後、児玉総督が後藤民政局長に施政方針演説の草稿の起草を命じた際に、後藤は演説をやめるべきだと進言した。その草稿をめぐってやり取りした内容が『正伝 後藤新平』（鶴見祐輔著）に次のように記述されている。

後藤局長は、意外にも平然として、「そんなものは、やらん方がいいでしょう。」と答えた。（中略）

「どうして？」

「それは今まで樺山もやった、桂もやった、乃木もやった、皆やっている。それは詩人が詩を作るようなものだ。つまらないから、やらん方がいいでしょう。みんなが施政方針の演説をなさらぬことを、不審なりとて聴きに来たら、俺は生物学の原則に従ってやる、俺はここ台湾の土地の拓殖のことをやりに来たのではない、（中略）台湾のため内閣員の頭を開拓するんだ、そんなことを施政方針へ書けるものじゃないから書かない、黙っていた

方がようごわしょう。」（中略）
「生物学というのは何じゃ。」
「それは慣習を重んずる、俗に言えば、そういうわけなんだ。とにかくひら、め、の目をにわかに鯛のようにしろと言ったって、できるものじゃない。慣習を重んじなければならんというのは、生物学の原則から来ている。」
「そうか、そんなことか、よしよし、それじゃ止めよう。」

「ひらめ」の目は、両目とも頭部の左側半分に偏っている。それを鯛の目と同じようにしろと言っても、できるわけがない。政治にもこの考えが重要である、ということだ。

後藤が台湾赴任の前から強調していた「本国の制度を押し付けず、自治の慣習を重んじながら、鉄道、水道、電信、病院などインフラの整備によって民心を一変すること、従って、法令で植民地を支配することには反対である」という方針を児玉に説き、その同意を得たのである。この結果、児玉総督と後藤民政長官は、植民地政策について「不言実行」で臨むことを宣言した。

台湾総督府民政長官となった後藤新平は、台湾統治について、常に公衆衛生の原理である「天然とは何ぞや」という論理からみていた。

つまり、「一国民の衛生水準の向上が、国富の源泉につながる」との信念からインフラの整備に着手し、台湾の経済的自立を図ることを短期的目標とする一方で、台湾の植民地としての文化発展を長期的目標とした。

まず、土地調査などの徹底した調査事業を行って現地の状況を知悉した上で、ゲリラ投降策、阿片漸禁政策、衛生調査及び上下水道の整備、道路・港湾・鉄道の建設、製糖産業の発展など、矢継ぎ早に近代化政策を実行した。

後藤は1906年に満鉄鉄道総裁として転出するまでのわずか8年あまりに、いまだかつてない植民地政策をとったといってよい。このとき築かれたインフラが、現在も台湾経済を支えているのである。

土匪（ゲリラ）投降策

台湾には清国統治の時代から、日常的に村民から税金と称して収穫の30～40％を搾取する土匪という、いわゆるゲリラがいた。児玉と後藤が直面した最大の問題はやはりこの土匪対策であった。

偶然にも、後藤の少年期の恩師である阿川光裕が、第2代桂総督時代に総督府製薬所技師兼民政局事務官となり、後藤着任までに地元名望家と親交を結んでいた。この縁から、後藤は現地民の側からみたゲリラ情報を入手した。

それまでの台湾におけるゲリラ対策は、第3代乃木希典時代に定められた三段警備制[*7]に基づいて行われていたのだが、後藤はそのやり方にかねてから不満と不信を抱いていた。そこで、後藤は児玉の承諾を得てこの三段警備制を廃止することを決定した。

こうして軍隊ではなく、警察を前面に出す方針を明らかにした児玉は、民政で台湾を掌握しようと、台湾全土に次のような投降を呼びかける総督布告を出した。

「新総督として、島民の一家団欒を望んでいる。だから、投降したいものは自由に官邸に来てよろしい。もし、これを疑うなら民政長官の側からそちらに出向いて話し合ってもよい」

後藤もまた、「投降するのであれば、その罪は問わず、正業に就くための資金を与える」と呼び掛けた。この風変わりな布告は、短期間に300万人の台湾島民に行き渡った。直ちにゲリラたちが投降してくることはなかったが、この布告に応えて、300名あまりのゲリラ一団が投降を申し出てきた。後藤は宣伝のためにも投降式をやろうと決心し、護衛も連れず、部下

１名だけを連れてゲリラの本拠地に向かった。この模様は台湾全土に大々的に報道され、その後ゲリラが次々と投降し始めた。

時には投降式が流血の場となってしまうこともあったが、後藤は「職を与えなければ、またゲリラに戻りかねない」と言って地域の土木工事に従事させ、投降後の生活の面倒までみるようにした。ゲリラ対策の完了は１９０２年のことで、後藤の赴任から５年近くかかった。

後藤は投降すれば罪を問わず仕事も与えるという「慈善」を用意した一方で、投降式にかこつけて攻撃してきた危険なゲリラに対しては容赦なく「武力」を使い、掃討せざるを得ないときもあった。植民地を治めるのに、慈善事業だけでも、武力一辺倒の恐怖政治だけでも未来はひらけないということを知っていたのである。

しかし、そのことに後藤は心を痛め、「台湾在任中の８年８ヶ月の間に１万人以上の命を奪った」と悩みを告白した。台湾統治のための苦渋の選択であった。

＊７：土匪対策として台湾全体を危険度合に応じて３つに分け、軍隊（危険度高）、憲兵と警察（危険度中）、警察（危険度低）を割り振り警備にあたらせる制度。設定通りの区域に土匪が現れるわけもなく、区域ごとに管轄も違うため問題点が多かった。

阿片漸禁政策

19世紀末に香港経由で大量に流れ込んだ阿片は台湾にも蔓延し、庶民の間で常習的に阿片を吸引していることが大きな社会問題となっていた。当時の台湾人口300万人中、実に6%に近い17万人もの阿片吸引者がいるというこの問題を日本がどう処理するか世界各国も注目していた。日本では、台湾の阿片問題を取り締まる方法について多くの意見があったが、圧倒的に多かったのは、人道上の見地からあくまで阿片は厳禁とすべきとの意見であった。

これに対して、1895年、まだ日本で内務省衛生局長を務めていた後藤が、首相の伊藤博文に呈した台湾の阿片政策についての意見書が採用され、翌年に専売制による漸禁策が閣議決定された。

その漸禁策は、具体的には次のようなものであった。

一・阿片製剤を総督府の専売として、従来製品よりも高額化する。

二・医師の診断によって阿片中毒患者を確定し通帳を与え、有料登録制による吸飲所（特許薬舗）を公定する。そこで薬用阿片だけを販売する。
三・もし、自宅吸飲を必要とするならば定額を3倍増して阿片対策の経済基礎を固める。
四・反阿片教育によって50年をもって阿片吸飲習慣の絶滅を期する。

この提案は、阿片を性急に禁止する方法はとらず、まず阿片に高率の税をかけて購入しにくくさせるとともに、吸引を免許制として次第に吸引者を減らしていくという方法であった。

この「阿片漸禁論」は、後藤が着任するより一足先に、1897年1月の台湾阿片令として実施されることになっていた。しかしながら、ゲリラ対策で精一杯の第3代乃木総督は「阿片漸禁論」には関心がなく、形ばかり実施されている台湾阿片令は、ほとんど効果を発揮しなかったという。

ようやく自ら台湾阿片令の実行をすることになった後藤は、まず中毒者の確定に全力を挙げ、約2年をかけて中毒者数を把握することができた。約16万9000人であった。

この政策は成功し、阿片患者は徐々に減少した。総督府によると、阿片患者は、1917年には6万2000人、1928年には2万6000人となり、台湾は1945年に阿片吸引免許の発行を全面停止した。これにより後藤が考えた阿片漸禁政策から50年近くかけて、台湾は阿片の根絶に成功したのである。
阿片の専売収入は、衛生管理のためのみに用いることになっていたが、現実には一般収入とされてしまっていた。阿片を売れば売るほど財政は潤うので、総督府は阿片を「金がなる木」にしてしまったのである。

衛生設備の充実と上下水道の整備

総督府警務局図書課事務官を務めた井出季和太という人物は、着任当時の模様を、著書『南進台湾史攷《こう》』の中で、次のように、記述している。

台北市街の如きは、家屋の周囲又は庭内には不潔な汚水が流出し、又は各所に人民は犬豚と雑居し、或は往々共同便所の設備あれど、到る所に糞便を排散し（中略）、（台南では）糞尿は各所に排散堆積し、街の両側に在る排水溝は汚水を渋滞し、其の発生する悪臭と相和し、鼻を衝《つ》き、城外より頓かに城内に至るときに、臭管刺激され、殆《ほと》んど吐心を催す

河川敷には汚物や塵芥が溜まり、淡水が氾濫すれば、一帯は汚水・汚物で覆われた。そのため、伝染病が蔓延して毎年のように数千名のコレラ患者が発生しており、平均寿命は30歳前後であったそうだ。

このような状況を鑑み、1896年4月に、台湾総督府の嘱託衛生顧問に任命された後藤は、直ちに上下水道整備の第一人者で内務省のお雇い外国人である、スコットランド人の衛生技師・バルトンを台湾に送り、衛生調査、水源地の確保、上下水道の調査設計を依頼した。

バルトンは、着任早々一番弟子の浜野弥四郎とともに、早速台湾各地を回り、衛生調査や上下水道の設計、水源地調査を開始し衛生設備を整えるのに尽力した。後藤が台湾に赴任する前に次のような調査報告書を総督府に提出した。

1　衛生工事は、第一に台北、次に基隆、台南、安平、澎湖島……などの順に行う。

2　台北では上水道の水源確保とその工事が必要だが、当面は既存の井戸の活用で凌ぎ、そこで生まれた余力で下水工事を優先的に進める。

3　台北の下水工事は、部分的な改良と本格的な工事に分け、本格工事については「台北市街設計図」を作って幅を定めた道路を通し、道路に付随する下水道は「同時にこれを敷設」しなければならない。

このように、上下水道と道路建設を同時に行うよう献策した。

バルトンの基礎調査は後藤の台湾赴任とともに実行された。上水道は、市の近くを流れる淡水河から水を引き、大規模な貯水池を建設した。下水道の幹線には、パリの下水道にならって大きな排水パイプを敷設した。その礎石に使われたのが、台北城壁を構築していた石である。

事業は順調に進んでいたが、1899年、台湾水道第一号が完成し淡水水道が開通となったとき、バルトンは不幸にもマラリアに感染してしまった。治療のため妻と娘とともに東京に戻ったが、病状が悪化し、同年の夏に44歳で日本で息を引き取った。

バルトン亡き後、すでに台湾に赴任していた後藤は、伝染病の予防は上下水道の整備からだといって衛生局の部下であった高木友枝《ともえ》を東京より呼び寄せ、上下水道と衛生設備の整備を積極的に進めた。上下水道の建設は、バルトンの弟子である浜野弥四郎が引継ぐことになった。

須賀川（現在の福島県須賀川市）で変則（翻訳本）、さらに愛知県医学校で正則（原書）の

2種類の医学教育を受けたことは、後藤の生涯基本理念である「生物学的原則」を育むのに非常に良い条件を与えた。そこから生まれ出てきた「国家衛生の盛衰は国民の命価に関係する」という公衆衛生の理念に基づき、主要な公衆衛生の政策を遂行していった。

日本語教育もまだ始まったばかりなのに医学教育とは何事かと反対も多かったが、1899年に総督府医学校（台湾医学校）を設立した。台湾に医学校があれば必ず役に立つという強い確信があったからである。

また、公医80人を擁する総督府立病院を10ヶ所設置した。医学校が設立されたと言っても、医者が一人前に育つまで時間を要するので、内地から医者を呼んで公医とする制度を設けてあったのだ。

後藤は1906年に満鉄総裁就任に伴い台湾を去るが、高木友枝は後藤の理念を受け継ぎ、台湾公衆衛生のために、献身的な努力をした。

それから3年後、1909年には台湾は信じられないほど健康な土地に生まれ変わり、8種類[*8]の伝染病のうち、赤痢と発疹チフス、またマラリアは日本本土より少なくなり、ジフテリアに至っては皆無となる成績を上げている。ただし、ペストは1917年になってからやっと根絶された。

また、バルトンの事業を引き継いだ浜野弥四郎は、後藤が台湾を去ってから1919年までの13年間で工事を陣頭指揮し、台湾主要都市の上下水道の建設を完成させる。これで台湾の衛生環境は一挙に改善され、マラリアやペストなど伝染病の根絶の一翼を担ったのだ。

＊8：『伝染病予防消毒心得』で指定されたコレラ、ペスト、赤痢、天然痘、腸チフス、発疹チフス、ジフテリア、猩紅熱を指す。

道路・鉄道・港湾の整備

このようなゲリラ投降策、阿片漸禁策、土地調査事業を実行することによって統治基盤を整理してから、後藤は台湾発展のために様々な政策を打ち出した。

特に力を入れたのが、産業発展に欠かせない道路と鉄道と港湾の整備であった。

道路は、幅30センチ程の小道はあったが、道路らしい道路はなかった。そのような台湾に初めて公道をつくったのは日本の討伐軍の工兵隊である。荒野と森林を切り開き2万キロの軍用道路を完成させた。その結果、局所的であるが、島内の南北間の不均衡の解決に役立っていた。

後藤が台湾に赴任したときでも、まだ市街とつながる県道や国道に類するものはなく、これでは経済発展の障害となるので、必要な道路整備を計画し、都市間を結ぶ本格的な道路建設を進めていった。

台北市内には、高速、並木、一般車道と片側3車線からなる幅40メートルの道路4本を建設した。のちに幅の広い道路建設で有名になった後藤が、最初につくったのがこの台北市内の道路である。現在でも、これらの道路は並木を残しながら片側6車線ほどの広い道路として活用されている。後藤が指揮をとっていたときに建設された道路の多くは、投降したゲリラや住民の義務労働によるもののようだ。

日本統治の50年間に整備・完成させた道路は、幹線道路で3689キロ、県道で1万3594キロ、合計1万7283キロとなった。また、橋は3236ヶ所に建設された。それまでは高雄から台南に行くのに丸2日間を要したが、この道路整備の結果、自動車ならば2時間で行くことが可能となった。

鉄道は、日本軍が台湾に上陸したときにはすでに清の時代に敷設された、基隆から新竹まで全長約107キロの台湾鉄道があった。しかし、そのレベルは汽車の速度も輸送力も甚だ劣弱で、軽便鉄道並みと評価されている。資金難でトンネルを作らなかったため迂回が多く、少し勾配があって急な所にさしかかると乗客が降りて汽車の後押しをするという有様で、橋はほとんど木製で耐久性がないので倒壊が相次ぐという始末であった。

　この台湾鉄道は、日本軍が台湾に置いた台湾鉄道総司令部によって実用に耐えられるよう補修されていくが、鉄道建設資材は台湾では全く調達できず、軌道、枕木、車両、木材、セメントなどすべて日本より購入した。


　日本によって改良された台湾鉄道で基隆から台北に行った体験から、後藤は着任後、かねて計画中であった台湾縦貫鉄道計画の現地調査をした。その結果、当初予定していた民間では難工事であり、予算と工期から判断しても厳しいと結論を出した。この計画は民間に代わって官設で行うことを決定し、3000万円の予算案を立てた。

　その財源確保の目処が立つと、後藤は、台湾鉄道部を作って自ら部長になり、時の鉄道作業局長官に、台湾縦貫鉄道の技師長として元日本鉄道技師長の長谷川謹介《きんすけ》を派遣してもらう手続きをとった。そして1899年4月、長谷川は台湾に赴任したものの、なんと建設工事を始める準備は一切できていなかったのである。

　それでも後藤は、長谷川に思う存分自由に手腕を振わせ、この事業を推進した。後藤から絶大なる信任を与えられた長谷川は、想像をはるかに超える働きがいがあることを痛感し、やは

台湾縦貫鉄道。写真は魚藤坪渓橋梁（現・龍騰断橋）。

り獅子奮迅の働きをしている。

こうして台湾縦貫鉄道は10年継続事業として進められ、総工費２８８０万円を費やしながら多くの困難を乗り越え、予定よりも１年も早い１９０８年４月20日、ついに開通したのである。後藤が満鉄総裁に着任するため台湾を去ってから１年６ヶ月後のことであった。

基隆港は、清時代後期まで貿易港として解放され、台湾第一の良港といわれていた。港といっても港内の水深は浅くジャンク船か小船しか入港できないし、干潮時には港の半分が露出し、満潮時でも１０００トン以上の船が入港できなかった。

はじめは沖縄、門司、長崎との間に２０００トン級の定期航路を有していたが、船が港に着いても港内には入れず、木造の小型船に乗り換えて揺られながら上陸していた。暴風時には、沖合に停泊し、天候が回復するまで待たなければならないという状況だった。

後藤が台湾に就任してからの4年間だけでも、汽船5隻、帆船1隻、ジャンク船19隻、漁船54隻も難破している。水深も浅く、防波堤もなく、近代的な荷役設備もなかったので、縦貫鉄道用の建設資材を搬入できるようにするためにもまず整備しなければならない要地だった。高雄港も同様であった。

こうして基隆港と高雄港の築港工事は、児玉源太郎総督時代の近代化事業のひとつとして、1899年から1935年まで4期にわたって行われた。当初は5期計画であったが、太平洋戦争のために中止となったのである。

港湾事業推進にあたって、基幹港のある基隆がペスト・チフス・コレラ等の伝染病流行地でもあったことから、そこには医務室や日用品供給部を特別に設営し、繋留中の浚渫船《しゅんせつせん》に対しては、不衛生に放置されやすい便所・船員控室などの抜き打ち点検を行うなど、きめの細かい管理体制で臨んでいった。

第1期（1899〜1902年）には、防波堤と港内浚渫工事が行われた。その後、次の財源が確保できるまで、後藤は工事継続のための予備費40万円を手当てして、第2期工事につなげた。

そして児玉と後藤の努力で、1904年、議会に提出していた工費増額案が3500万円から4000万円に、さらに1908年には7350万円に増額された。これによって築港工事の財源が確保された。第2期計画が完成する1年前には早くも第3期計画が成立していたことをみれば、後藤の計画立案は極めて先見性があったといえる。

後藤は工事の途中で台湾を去るが、長期計画案も成立し、その財源でこれ以降も年々拡張工事が無事に行われた。

1929年には、東西0・6キロ、南北1キロの、いかなる船舶も直接岸壁に横付けでき、1万トン以上の船舶が同時に15隻も荷役を行うことができる、本格的な国際的商業港が完成した。

近代都市建設

後藤は台湾赴任早々、すでに台湾入りしていたバルトンが描いた「台北市街設計図」に基づいて、台北の「近代都市」への大改造に着手した。都市近代化の3条件は、「上下水道」「道路」「市域の拡大」であるが、「上下水道」「道路」建設は同時に行い、「市区改正」についても、設置された都市建設の審議機関によって市区改正計画が策定され、下水道と都市計画との関係を明文化した「台湾下水道規則」、また、都市建設の公的ルールを定めた「台湾家屋建築規則」が制定された。

この施行に伴い、台北城を壊して、台北市の下水溝工事から始め、市内には幅のある道路4本を建設し、近代的な街にした。また、淡水河に堤防をつくり毎年襲われる水害から台北市を守ったのである。

市区改修工事は台北、基隆、新竹、台中、彰化、台南、嘉義、高雄、屏東の9市及び他町へと、「上下水道」「道路」と「都市建設」が同時並行で拡張されていった。要した工事費は、1895年から1934年までで1285万円になり、その約半分は首都台北市街の改修工事であった。

また、赴任して間もない後藤は、台北に都市改造の花形事業である巨大な総督官邸（現・台北賓館）の建設に着工した。これは、高等官が詰める庁舎で、内外の要人をもてなす迎賓館でもあった。ちなみに総督官邸は、総督府（1901年竣工、現・総統府）を建築設計した設計士・森山松之助が手がけたものである。

後藤に任せたらどんな御殿をつくるかわからないと批判されることもあったようだが、「台湾総督の官邸は、我が国の南方経営の王座である。従って、本来ならば直属のオペラ・ハウスまで作りたかったほどだ」と反論した。ただ、内心では官舎全体の水準を上げれば、内地から有能な人材を招くことができると考えていた。

当時の近代先進都市であるドイツ、イギリス、イタリアの都市の美観と威容を自分の目で見ている後藤にとって、アジアの一角でそれを再現することは、大きな誇りと喜びであったに違いない。

後藤が台湾を去った後にも、台南郵便局（１９０９年竣工、現存しない）、台中州庁（１９１３年竣工、現・台中市政府）、台南州庁（１９１６年竣工、現・国立台湾文学館）、台北州庁（１９１５年竣工、現・監察院）など多くの公共建築物が建てられた。

台湾を訪れた人々は、西欧的な都市美観と上下水道の充実ぶりに感心することになる。

サトウキビの改良品種と大量栽培に努力した新渡戸稲造

２０１２年に台湾を訪れたとき、阿里山に行く予定を立てていたのだが、台風の影響で断念し、代わりに花蓮に行った。

昔、周維新先生から「東部中央の花蓮県にはニトベカズラ（新渡戸葛）という花がある」と聞いていたので、自分の目で見たかったのだ。

花蓮の街には、高野山慶修院[*9]があり、そこには日本時代の多くの資料があった。実はこの街は、台湾総督府が日本農業を試みるために大規模な移民政策を行い、1911年から1924年の間に、四国と北海道からの移民村がおかれた所でもある。

この高野山慶修院にいた、年配で日本語を話せる受付の方に、「ニトベカズラを知っていますか」と尋ねると、「聞いたことがある」と返ってきた。どこで見られるかも聞いてみたが、「それはわかりませんね」との返事で、時間もなかったので結局見に行くことはできなかった。

「みんなの花図鑑」によると「ニトベカズラ」は、もとの名前は「アサヒカズラ」といい、沖縄ではかなり普及しているが日本へは大正時代に渡来したものだという。和名の由来は、花の色から朝日を連想したもので、「ニトベカズラ」は花蓮、台湾の人々が、台湾の気候風土を理解したうえで農業指導にあたった新渡戸稲造を慕ってつけた名である。

さて、新渡戸稲造の功績について辿ることにしよう。

総督府は、産業が発展するための基盤を整備しながら、阿片・食塩・樟脳・煙草・酒の5種を専売として財源はある程度確保できつつあったが、児玉と後藤がこれからの産業として特に力を入れたのが、砂糖産業の育成であった。

新渡戸は、『武士道』を著した翌年に、郷里の先輩である後藤から産業振興を推進してほしいとスカウトされたが、病弱を理由に一度は断った。

しかし、後藤は新渡戸に何度も手紙を書き、最後には直接掛け合って、執務室にベッドを持ち込むことなどの特別な条件を提示して承知させた。新渡戸は、三顧の礼をもって台湾に殖産局長として迎えられた。それまでも札幌農学校の教授として農政学と植民論を担当し、『農業本論』を記すなどの実績が認められての大抜擢であった。

新渡戸稲造（国会図書館所蔵）

スカウトされた新渡戸は、まず総督府の一介の技師として現地の自然環境の調査研究に乗り出し、糖業の改良に目をつけた。そして、ジャワ島へ砂糖の研究視察に行き、ジャワ島から戻ってくると直ちに産業振興の報告書を出すことを求められた。新渡戸はもう少し台湾のことを調査してからと考えていたが、後藤は「いや、すぐに意見書を出してくれ。台湾のことなどわからないうちがいい。台湾の実際を知ると、目が痩せて思い切った考えが出てこない。ジャワ島

を見た高い見地から書いてくれ」と改めて求めたという。

新渡戸が書いた『糖業改良意見書』は、これからの台湾糖業の基礎となるもので、甘蔗（さとうきび）の品種改良と、工作方法、特に施肥方法の改良についての提案が書かれていた。

この提案に喜んだ後藤は、早速実行に移した。殖産局から独立した糖務局を設け、甘蔗試験所をつくり改良品種の大量栽培を開始した。この新品種や新工作方法は瞬く間に台湾全土に普及し、サトウキビの生産は飛躍的に増加した。

こうして、生産増加に伴い砂糖の近代化と大規模化が図られたが、土着の製糖業者の報復を恐れて、内地の業者が進出してこなかった。

しかし、後藤は元老井上馨からの口添えで山本悌二郎を迎えて手厚い保護を与え、大規模で近代的な台湾製糖株式会社製糖工場を建設、経営させた。これにより台湾製糖業界は一新したのである。１９００年には３万トンであった生産高が、後藤が台湾を去る１年前の１９０５年には２倍の６万トンに達し、１９３７年には１００万トンを突破、１９４０年には、なんと年間１５０万トンを誇る砂糖生産国としての基盤を作り上げ、台湾の中心産業に発展したのである。

また、新渡戸の活躍でウーロン茶や米、サツマイモの生産も著しく伸びた。これにより、

高雄・橋仔頭製糖所（1939 年撮影）

１９０５年以降、台湾は日本本国のお荷物ではなくなり、財政的にも独立することができたのだ。
それらが基礎となり、戦後間もなく台湾経済が貧窮した時代、砂糖産業が外貨獲得の最大の手段となったということも、新渡戸稲造の功績と言っても過言ではない。
新渡戸は、１９０４年に京都帝国大学の専任教授となって台湾を去ったが、大学では台湾での経験をもとに植民地政策を講義したそうだ。
台湾の元総統である李登輝は「『恨みは水に流し、恩は石に刻め』と言う言葉がありますが、新渡戸先生は台湾のために多大な貢献をした、台湾人にとって永久に忘れられない日本人の１人です」と讃えている。

＊９：１９１７年に建てられた真言宗高野派の寺院。

烏山頭ダム（八田ダム）と農業近代化　八田與一

台湾駐在時、私は烏山頭ダムを見学する機会に恵まれた。息子の通う高雄日本人学校と高雄日本人会の共催による「八田ダムの見学会」が行われ、家族4人で参加したのだ。ダムの堰に立ったとき、目の前に広がる嘉南平野の広大さにただただ感心するばかりだった。このダムは中華民国名で「烏山頭《ウーシャントウ》ダム」と呼ばれている。八田が台湾に赴任してから8年後、総督府に嘉義庁長官から嘉南平野15万ヘクタールの給水問題を解決してくれとの強い請願が出されていた。総督府はこれを受け、八田に調査させた。

この平野には灌漑設備がないため水利に恵まれず、いつも干ばつの危険に晒されていた。八田は、調査の結果、全ての農民に水を常に平等に供給するためのダムを建設する計画を立てた。この計画には嘉南平野15万ヘクタールに水路を張り巡らせる計画も含まれていた。八田は、この平野を肥沃にすることができれば、１００万人の農家の暮らしを豊かにできる、と確信した。10年の歳月と総工費５０００万円を費やし、当時として東洋一のダムが完成したのである。日本統治時代の１９３０年のことであった。

2012年に台湾を訪れたときにも高雄に行き、そこで昔の仲間である劉さんと合流してから八田ダムに案内してもらった。すると、かつて見学に来たときにはなかった八田與一記念館がつくられていた。

そこでは映像ディスプレイを使いながら、八田與一について日本語で紹介していた。そばに公園もつくられ、そこには長らく別の場所に保存されていた八田銅像と、その奥にご夫妻の御墓があった。当時大量の土砂を運んだらしい蒸気機関車もレールに乗っており、今にも動きそうに見えた。

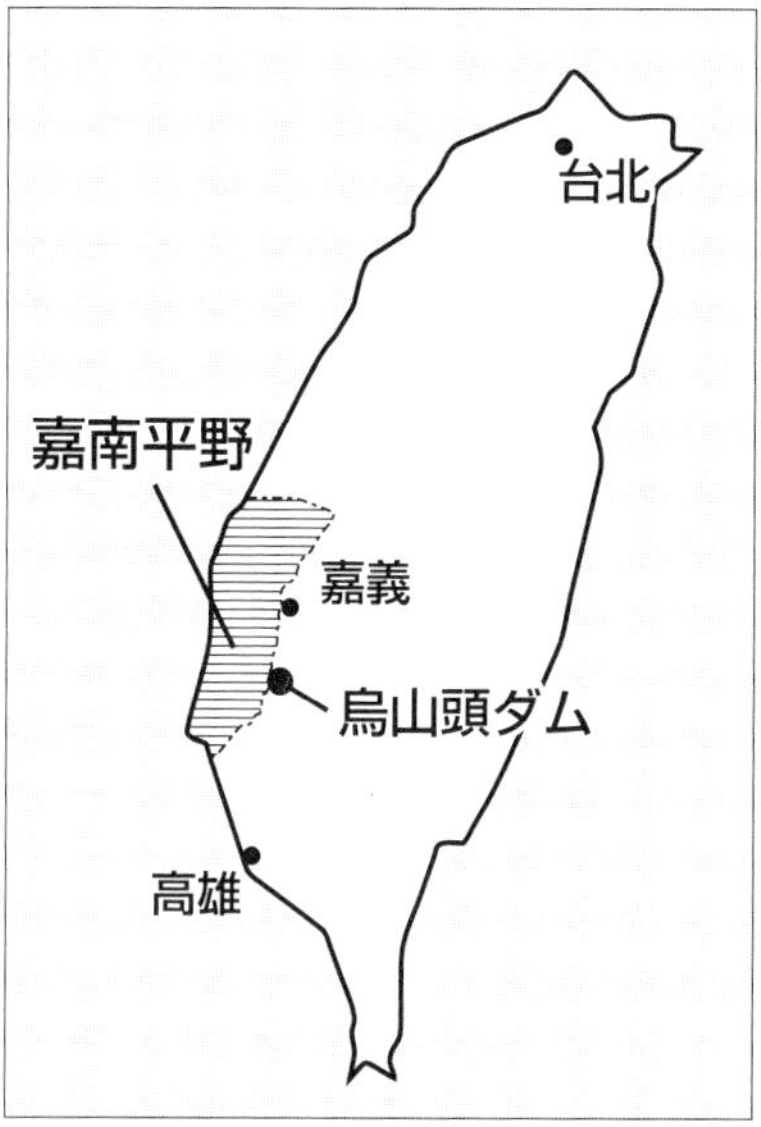

嘉南平野と烏山頭ダム

ダム公園内にある台湾料理服務センターで昼食をとりながら、劉さんが店員にいろいろと尋ねていた。この約1年前の2011年5月8日は八田の69回目の命日であり、烏山頭ダム八田與一記念園区《パーク》の開園日であったため、八田の遺族の方がこの場所に来られていたそうだ。馬英九《ばえいきゅう》総統はこの開園式に出席し、烏山頭ダムマラソン大会にも参加したという。

さて、それでは、八田與一と烏山頭ダムを辿ることにしよう。

八田與一は、1886年金沢に生まれた。1907年、東京帝大工学部土木学科に入学したときには、フランスに留学し帰国したばかりの土木技術の第一人者である古市公威《ふるいちこうい》教授と、土木学の広井勇《ひろいいさみ》教授がいた。

広井は、内村鑑三と同窓の札幌農学校を卒業したあと、アメリカに渡り土木技師としてミシシッピ川の工事に従事した。その後、ドイツに留学して帰国後、北海道庁に勤務し小樽港築港の設計施工を監督指揮した。外海の荒波に対抗する防波堤を造ったのは、日本、アジアで初めてであった。また、日本で初めて鉄筋コンクリートを使った工事であった。

冬の寒い日でも、嵐の晩には工事中の防波堤が何か予想外のことがあってどこか壊れていないかと心配して起きていき、丹念に懐中電灯で眺めていたほどであった。そこには技術者の良心があった。

広井は、講壇から技術の知識を教えたのではなく、人間の生き方、技術者のあり方を教えた。「なんのために工学はあるか」という哲学的な話から、「現場のない学問は学問ではない」と技術者として現場の重要性を説いた。また、官僚的な出世主義を嫌い、「土木工事はそこに住む民衆のためにやるべし」と言ったり、「技術者が1000年にもわたって問われ続ける誉と辱《はずかし》めとは設計の立て方にかかっている」など、設計理念の重要性を訴えている。

広井が1928年に66歳で亡くなったとき、内村鑑三は「広井君在りて、明治大正の日本は清きエンジニアを持ちました」という弔辞をよんだほど、広井という人物は日本の土木学にとって重要な人物だったのだ。

この時期は明治の精神としては減衰期に入っているとはいえ、八田與一は、その倫理観溢れる情熱に感化されたに違いない。古市教授や広井教授の薫陶を受けた八田は、気宇壮大な思いをよく語っていたという。

そんな八田に「君には内地は狭すぎる。君を生かすには外地で仕事をするのが一番だ」と台湾に行くことを薦めたのが広井勇教授であった。

八田は、1909年、後藤が台湾を去った4年後に、大学を卒業して台湾総督府土木局につとめた。当初は上下水道で陣頭指揮をとっている浜野のもとで衛生事業に従事し、各都市の上下水道の整備を担当していたが、その後、電力とダム建設の調査を命じられ、発電・灌漑事業の部門に移った。その後、日月譚水力発電ダムや桃園での大規模な灌漑工事を立派に遂行し、

八田與一（1922年撮影）

自らの評価を上げる。28歳のときであった。

その頃、総督府には嘉義庁長等から、嘉南平野の給水問題を解決してくれと強く請願が出されていた。

日本に一時帰国して、31歳で結婚した八田は、翌年の１９１８年より嘉南平野の調査を始めた。この嘉南平野は、台湾の全耕地面積の42％強を占める大広野であるが、当時はそのほとんどで灌漑設備が不十分だった。北の曾文渓や濁水渓から水を引くなどということは全く絵空事と思われていた。

八田は、水源調査の結果、その地に住む１００万の農民に水を常に平等に行き渡らせるため、ダムを建設する計画を立てた。

その計画は、官田渓の水をせき止めつつ、さらにその本流の曾文渓の流れを注ぎ込むために、長さ３０７８メートル、直径８メートル55センチのトンネルを建設するというものであった。曾文渓の水源が、阿里山に発していて水量が多く水勢も盛んだったからである。

この計画の予算は、当時の総督府の予算の6分の1を占める程の巨額であったが、当時の総督や民政長官、そして日本政府にもその熱意が伝わり、国会にて承認された。

この事業は受益者が「官田渓埤圳《ひしゅう》組合（のちの嘉南大圳《かなんたいしゅう》組合）」を結成して施行し、半額を国費で賄うこととなった。これにともない、八田はためらうことなく国家公務員の立場を捨て、この組合付き技師となり完成に至るまで工事を指揮した。

工事に先立って、道路や鉄道、送電線等も整備された。工事関係の施設はもちろんのこと、作業員たちの家族も住める宿舎街や小学校、病院、共同浴場さらに商店やテニスコートなどの娯楽施設も建設された。家族を含めると2000人にもなるひとつの街ができ、八田の子どもたちも台湾人の子どもと一緒にこの学校に通ったという。八田自身も建設現場での人間関係を大切にしており、作業員の宿舎に入り込んで花札などに興じていたそうだ。

1918年から本格的に現地調査及び測量を行い、1920年9月1日より着工した。その2年後に八田は、最新鋭の土木機械を仕入れるのと現地の学会に参加するため、ダム建設の先進国であるアメリカに7カ月ほど出張する。

機械と一緒に台湾に来たオペレーターのアメリカ人は、「黄色いサルに使えるはずがない」

と思っていたのか、現場の人間には一切使い方を教えなかった。だが、八田は台湾人作業員とともに、彼の鼻を明かすべく何度も操作を繰り返した結果、これらの機械を使いこなし土砂を運べるようになる。

八田が買い付けてきた機械は、合計で1000トンを超えた。2立方メートルをひとすくいできるスチームショベル7台、蒸気機関車12台、エアーダンプカー100台、コンクリートミキサー車4台など、日本人も台湾人も初めて見る機械であった。これらの最新鋭の機械が、東洋一のダムをつくるのに一役買ったのは言うまでもない。

また、八田は、土木作業員の労働環境を良好なものにするために尽力し、危険な現場にも自ら進んで足を踏み入れた。当時は、伝染病対策が十分ではなくマラリアが猛威をふるっていた。作業員の健康を気遣い、定期的に薬を配っていたが、副作用を嫌がり飲まない土木作業員もおり、1人ずつ口に薬を入れて飲ませても道に吐き捨てられた。それでもあきらめることなく、今度は一軒一軒家を訪ね、薬を飲み込むまでは帰らないという意地を見せた。八田の熱意が通じ、次第にマラリアにかかる人は少なくなったという。

着工から3年目のことである。烏山嶺トンネル工事の最中に90メートル掘り進んだところで、石油噴出による爆発事故が発生した。これにより50余名が殉職し、八田は、犠牲者の家を一軒一軒回り、心から弔いと慰めの言葉を伝えた。責任を重く受け止めた八田は工事を中断せざるを得ないと考えるまで、苦悩に陥った。

しかし、そのとき「八田さん、元気を出してやりましょう」と言って励ましてくれたのは、他でもない台湾の人々であった。

事故の慰霊事業では日本人も台湾人も分け隔てなく扱った。殉職した方々の「殉工碑」には、亡くなった順番なのか、日本人と台湾人が混ざって刻まれている。

こうした困難を乗り越えながら、工事は進んでいった。嘉南平野一帯には、ほとんど水平にしか見えない0・1%の勾配がつけられ、水路が細かくはりめぐらされた。距離にして1万6000キロメートルにもなるこの水利設備全体は現在、嘉南大圳《かなんたいしゅう》と呼ばれている。

そして、1930年4月、10年の歳月をかけてとうとう工事は完了した。放水してダムがいっぱいになるまで40日を要するような、有効貯水量1億5000万立方メートルの大貯水池が完成したのである。この貯水量の規模は黒部ダムの75%に相当し、それがわずか10年で完工したのは、当時の日本としては高水準の土木機械が投入されたことを示している。烏山頭ダムの竣工式は3日間にわたり開催され、当時の民政長官の下村海南の命名で、珊瑚潭《サンウータン》の名称が与えられた。

祝賀会が終わると、八田の合図で烏山頭ダムの給水バルブが開けられ、直径1メートル80センチの放水口6本から轟音とともに水が流れ出していった。緻密な測量によってつけられた勾配0・1％の水路に流れ込み、みるみる一帯を潤していった。干ばつに苦しみ続けた不毛の地の嘉南平野が、台湾最大の穀倉地帯に変わった瞬間であった。

なお、烏山頭ダムは今でも嘉南平野を潤しているが、その役割の多くを今は曽文渓ダムに譲っている。この曽文渓ダムは八田により計画され、1973年に完成したものである。また、八田の設計したセミ・ハイドロリックフィル工法によってダム内に土砂が溜まりにくくなっており、近年これと同時期に作られたダムが機能不全に陥っていく中で、しっかりと稼動している。

ダムが完成してから12年後の1942年5月、八田は召集令を受けてフィリピンに向かう途中、五島列島付近でアメリカの潜水艦に撃沈され帰らぬ人となった。56歳であった。妻の外代樹《とよぎ》も、日本が戦争に敗れた1945年の9月1日、後を追うように烏山頭ダムの放水口に投身自殺してしまったという。

現在の烏山頭ダム（別名：八田ダム）

ところで、烏山頭ダムが完成したのは日本統治時代であるのに、現在の烏山頭ダム管理事務所案内板などを見ると「中華民国」と記されている。八田が設計し、自ら建設を指導したことは触れられていないのである。そもそも烏山頭ダムとは中華民国が命名した名前であり、「八田ダム」というのが正しいのではないかと私は思ってしまう。

八田は、後藤が満鉄鉄道総裁として転出した4年後に台湾に赴任したので、後藤と直接仕事での出会いはなかった。しかしながら、彼の行動から滲み出る倫理観には、後藤イズムに通ずるものが感じられる。民衆のための土木を訴えた広井教授の理念が大いに影響し、2人をつないでいると言ってもよいだろう。八田は、作業員に忠誠を強いるような強権的な「公」の者になるのではなく、自らが「私」を捨ててでも土木作業員、農民とともに生きようとする思想の持ち主であった。

だからこそ、台湾人に今なお、愛されているのである。

＊10：ただし、1万6000キロメートルもある水路のため、水利運用が軌道に乗るまで3年間かかった。
＊11：粘土・砂・礫を使用してコンクリートをほとんど使用しない工法。当時の日本では先例がなかったがコンクリート以上の強度を出せる。

皇民化運動

1931年9月に満州事変が起こり、争いが終わると満州国が建国されたことで日中関係は悪化の一途をたどった。その6年後には盧溝橋事件をきっかけに日中戦争へと発展し、さらに1941年12月には太平洋戦争が勃発、日本は戦争への道を進むことになる。

それにより、植民地である台湾も否応なく戦時体制下に組み込まれることになった。戦時体制に対応するため、1936年9月に、予備役の小林海軍大将が第17代台湾総督に起用された。

小林総督に始まる後期の武官総督の時代には、日本全体が軍部の風潮に影響されていたとこ

台北・台湾神社。日本統治時代、台湾に多くの神社が建てられた。
(写真提供：共同通信社)

ろが多分にあり、初期の児玉総督と後藤長官時代とは趣を異にしていた。

小林総督は、就任早々台湾統治の基本政策として、台湾人の「皇民化」、台湾産業の「工業化」、台湾を東南アジア進出の基地とする「南進基地化」を表明したが、「皇民化」は台湾人にとって決して快しとするものではなかった。

「皇民化」とはそれまでの同化政策「台湾人の日本化運動」をさらに強化するものであり、戦時体制の完成並びに戦争の遂行をはかる施策である。その運動は日中戦争の勃発直後から、総督府を中心として地方政府や民間団体によって展開された。その背景には、長引く戦争の結果、日本の人的資源が枯渇し植民地に頼らざるを得ないという事情があった。

こうして、皇民化運動は日を追うごとに強化されていく。まず漢文教育が廃止され、新聞から漢文が消えた。そして、１９４０年になると、改姓名と日本語使用の推進、寺廟の撤廃、神社参拝の強制、現地語の使用禁止などの政策が次々に強行され、１９４４年には徴兵令が施行されることになり、遂には行きつく所まで行ってしまったのである。

この戦争末期の頃は日本全体が興奮気味であったから、これらをもってして日本統治の全てとすることには賛成できないが、台湾人の中にはこういった政策を暗い汚辱と感じている人も少なくない。彼らにすれば、初代から19代までの、全ての総督および民政長官に対して尊敬と感謝の念を抱いているわけではないというのが本音であろう。

けれども、その汚辱を払拭し、忘却の彼方に押しやってしまうほどの王道政治を実践躬行してきた男たちもいた。本書で何度もその名を挙げた、児玉源太郎と後藤新平、そして、彼らの理念を継承した明治人たち、新渡戸稲造や、八田與一である。軍部の影響がまだそれほど大きくなかった時代であったので、運が良かったと言えばそれまでであるが、何も手を打てず早々と辞任して帰国した総督と民政長官がいたことを思えば、彼らの働きは特筆すべきものだろう。

台湾政治運動家の黄昭堂が見た日本統治時代

これまでに述べてきたことは、日本人による日本統治時代に対する偏った評価であるという意見があるかもしれない。「本来、植民地・台湾は日本の属国であり、現地の人々と対等であるはずがない。差別があるのが当然で、怨みがない良い植民地などあるわけがない」というのが一般論だろう。

そこで、台湾政治運動家である黄昭堂《こうしょうどう》の論評を引用することによって、日本統治時代に対する評価を公平なものにしたいと考える。

黄昭堂は１９３２年台南に生まれ、台湾大学法学部を卒業後、１９５８年に東京大学大学院に留学した。それ以来日本の大学で教鞭をとり続け、１９９２年に34年ぶりに台湾に戻って台湾独立建国連盟主席を務めたという経歴の持ち主だ。２０１１年に台北で亡くなっている。

黄昭堂は著書『台湾総督府』の中で、中華民国側にも日本帝国側にも偏することなく、台湾人から見た外来政権について客観的に述べている。以後の引用は、すべてその著書からのものとする。

まず、黄昭堂は、台湾住民が自分たちを「台湾人」としてハッキリと意識し始めたのは日本の支配下に入ったときからだと、次のように述べている。

日本の台湾支配が始まった初期においては、一部の台湾住民が独立をさけび、抗日ゲリラが南北に転戦して連帯意識を高めた。また後期には交通の発達によって住民間の往来が容易になり、こうして「台湾人」としての共同意識が成長していった。もちろん、このばあいの「台湾人」とは、「日本人」に対応するものであり、漢族との種族的きずなは断ち切られていない。

だが、それが「台湾人」の形をとって、「中国人」の形をとらなかったのは、つぎの理由による。

第一に、日本の台湾占領をまえにして、もしくは占領後の国籍選択によって、台湾にとどまりたくない者は台湾を去り、台湾に愛着をもつ者だけが残った。

第二に、大陸において、「中国人意識」が形成されたのは、中華民国樹立以降のことであったのにたいして、台湾の人たちは、すでにその十数年前に日本の支配下に入っており、両者は共通の体験をもちえなかった。

第三に、台湾は工業化したが、中国地域は依然として農業社会にとどまっており、それにともなう生活様式の相違が、意識上の乖離をもたらせた。

第四に、植民地という一定の枠があるにせよ、台湾に「法と秩序」がもたらされたが、中国地域では同期間をとおして軍閥割拠に戦乱が加わり、統一国家が名実ともに成立したのは一九五〇年代に入ってからである。（中略）

こうして日本時代に、「台湾人」としてのアイデンティティ（共同意識）が形成されていく。注意すべきことは、高砂族にも台湾人としての芽が育ちつつあったことであり、この問題はのちに触れるであろう。

続いて、ゲリラ投降策についてである。

乃木総督が手をやいた抗日ゲリラは児玉・後藤時代でも変わりはなかった。後藤の告白によると、かれが赴任した明治三十一年から三十五年までの五年間に、総督府が殺害した「叛徒」は一万一九五〇人に達している。

日本が台湾を領有してから明治三十五年までの八年間に、日本政府側の統計にあらわれている分だけでも、台湾人の被殺戮者数は三万二〇〇〇人に達するのである。これは、台湾人口の一パーセントを上まわる。ことに児玉・後藤コンビ時代の台湾人殺害数が、初期の台湾攻防戦時に匹敵することにあらためて注目すべきである。

このように多くの血が流れたことに対し、黄昭堂は批判的な意見を述べている。

また、阿片漸禁政策については、

後藤のとった漸禁策をふり返ってみると、不健全な台湾総督府財政の穴を埋めるために阿片を利用したきらいがある。（中略）癮者《いんじゃ》の台湾人口に占める比率をみると、漸禁策をとってから吸食者の数がむしろ逆にふえている。これは隠れて吸食していた癮者が、阿片取得が困難になったために特許を申請するようになった面もあろうが、そればかりとは思えない。阿片令にきびしい罰則があるとはいえ、それはもっぱら吸食の特許鑑札所持についての規定であって、台湾総督府は阿片専売による増収を優先させたことは明らかである。台湾の阿片害は後藤の努力で改善されたと礼賛する人が多いが、むしろ批判的観点から見直す必要があろう。

と指摘している。この点については日本でも、後藤は財政危機を救うために人の命を救うべき医師の魂を売り渡してしまったと非難されても仕方がない、との批判的な論も多い。
さらに、黄昭堂は、差別待遇と台湾人蔑視について、次のように記している。

台北帝大は農・医学部を除けば、ほとんど日本本国人子弟専用の感があり、台北高等学校ですらそうであった。多くの台湾人学生は台湾での高等教育が受けられずに「内地留学」を余儀なくされた。

台湾の建設が、在台日本人の努力のみに頼ったものではなかったにもかかわらず、支配者としての内地人の台湾人蔑視は無垢《むく》の子にも教えこまれていく。そして、せっかくつくられた中等以上の学校は公平な競争によらないで、こうした「二世」によってしめられた。そして台湾青年は台湾で高等教育を受ける機会が少ないから内地へ行く。ところが（中略）「内地で高等教育を享け、郷土台湾へ帰え（ママ）ってくると、大手を拡げて待っている筈の仕事は皆無と来ている」。官学万能のためのみではない。台湾人が差別待遇を受け、採用されないからである。

しかし、こうした差別待遇よりも、「蔑視」が台湾人の心を大いに傷つけた。親日知識人たることを自任して一生を終えたある台湾人は、「日本の台湾総督は〃一視同仁〃ひとしく日本人なりと唱えてはいたものの、本島人である我々からみると差別が多く、何《ママ》んとしても我慢ならなかったのは、正式に日本国籍にある本島人を、中国人に対する蔑称（チャンコロ）で呼ぶ内地人が多かった事である」とその遺稿につづっている。

こうしてみると、本書でこれまで述べてきたような高い評価ばかりではないことがわかる。被支配者である台湾人の立場と日本人の見解に相違があるのは至極自然なことだ。しかし、黄昭堂も日本統治時代に一定の功績があったことを認めている部分もある。児玉・後藤コンビ、特に後藤については「良きにつけ、悪きにつけ、後藤の残した足跡は大きい。五〇年にわたる支配期間を通じて最も大きな影響を与えた人」と評価し、

政治的な事業とはいえ、台湾風俗習慣の研究整理は、変わりゆく文化の態様を研究するさいの素地になり、台湾の文化的遺産として残った。また、法制に関する研究は、台湾におけるそれに限らず、清朝研究の手引きとして、日本の支那学《シノロジー》の進捗《しんちょく》に大きく貢献した。

と、彼らの調査事業を称賛した。また、交通網の建設についても、

道路整備とともに、台湾住民同士の交流を容易にし、村的規模の視野と意識とを、さらに広い地域へ、そして、最終的には台湾全土の規模へと拡大してゆく台湾人としてのアイデンティティの形成に役立った。これは、台湾総督府の意図するところではなかったが、看過しえない業績である。

と評価している。

最後に、黄昭堂は、教育と公共事業の充実にも触れている。著書の中で、「昭和十九年には台湾人の国民学校就学率は七一・三一パーセントに達し」、「もっとも特筆に値するのは教育施設の躍進」と評価すると同時に、衛生関係、社会資本の進歩に大いに貢献したことを認めている。

日本統治時代の業績について客観的に見ると、手放しに賞賛できないことがわかる一方で、

インフラ整備に代表される立派な功績があることも事実だ。

黄昭堂も「日本帝国は卵ばかりをむさぼったり、鶏まで殺してしまったわけではない。日本帝国は、より多くの卵を得るために、台湾という鶏を肥らせようと努力した」と例えている。日本統治時代の評価はこの言葉に尽きるのではないだろうか。この事実を賛美しすぎてもよくないが、そのとき身を粉にし台湾のために働いた日本人がいたことも忘れてはならない。

第3章　戦後の台湾——蒋介石政権から陳水扁政権まで

二二八事件がもたらした親日観

台北駅前にある「二二八和平公園」は、私が台湾に駐在していたときには聞いたことがなかった名前だ。それもそのはずで、当時の名称は「台北新公園」といった。1996年2月28日、陳水扁《ちんすいへん》が台北市長時代に二二八事件で犠牲になった台湾住民を追悼する「二二八和平紀念碑」を建立し、公園の名称を「二二八和平紀念公園」に改めたのである。

いったい、二二八事件とはどういう事件なのか？　この事件に関して、私は2010年に印象に残る経験をした。

公園の奥にある台北二二八紀念館の前にあるテーブルの上には多くの資料が載せられていた。私がその資料に何気なく目を向けていると、そばのコーヒーショップから女性店員さんが出てきて、わざわざ日本語で説明してくれた。

彼女は「この資料は、いままで公開できなかった国民党の残虐さを示す証拠ですよ！」と言いながら当時の事件を伝える新聞の写しのページを示してくれた。そこには、二二八事件の原因は「官吏と軍人の無規律、横暴、貪欲」であると指摘し、1年あまりの国民党政権を批判す

台北二二八紀念館（旧・台湾放送協会台北支局庁舎）

る記事が載っていた。

悲惨な二二八事件は、高雄でもあったと劉さんが教えてくれた。事件が展示されている「高雄市立歴史博物館」には国民党軍団が寿山方面から攻めて、台湾人を襲撃する様子がシュミレーターで再現されていた。

このとき、私は国民党の残虐性の一端を知ることになった。

それでは、二二八事件について触れることにする。この事件は、１９４７年2月28日に起こったことから「二二八事件」と呼ばれている。しかし、１９９２年に言論の自由が認められるまで事件に関する一切は公開されなかった。

第二次世界大戦が終結すると、中国国民党はその翌年から再び共産党との内戦状態に入った。しかし、中国本土で私的略奪が甚だしいために民衆の支持を失い、結局、軍規の厳正という一点だけで民衆の支持を受けていた中共軍との内戦で惨敗した。１９４９年10月1日に中共が成立し、同年12月に蔣介石が財宝を積み込んだ軍艦とともに台湾に逃げてきたのは前述したとおりだ。

それより4年前に時を戻し、１９４５年8月29日に重慶にいた蔣介石は、カイロ会談で返還されることになった「台湾」の行政長官に陳儀《ちんぎ》を任命していた。

陳儀は、同年10月25日に行われる「中国戦区台湾地区降伏式」に参列するため、ゲイシャ出身の日本人妻を伴い米軍機で空から台北に入った。陳儀はその日のうちに、ラジオ放送で「今日よりすべての土地・住民は中華民国国民政府の主権下に置かれる」と一方的に全国に宣言した。明治の日本が台湾を統治したときに台湾住民に対して、2年間の猶予付きで国籍選択の自由を与えたやり方とは大きく異なっていた。

それでも、台湾人の多くはこれで祖国復帰できると熱烈歓迎したが、希望はやがて失望に変わることとなる。

悲劇は始まった。陳儀は福建省の主席時代には省内を汚職まみれにした札付きのアジア型政治ボスであった。陳儀は台湾にきて2年の間に台湾を私物化し、搾取できるものは全て懐に入れた。それは中国における過去の王朝軍の行為と何ら異なることはなかった。

そのような横行が続く最中の１９４７年2月27日、事件は起こる。きっかけは些細なことだった。官憲によるタバコ売りの一女性への暴行から、自然発生的に民衆の抗議デモが起こり、それに対して官憲が発砲して死者を出した。これに反対する暴動が膨れ上がり、翌28日、民衆は二二八公園にある放送局を占拠して全島に決起を呼びかけた。この放送局が、現在台北二二八紀念館として利用されている建物である。

３月１日には暴動デモが台湾全土に波及した。台北市では民意代表からなる「事件の調査委員会」が結成され、陳儀長官との交渉で「二二八事件処理委員会」の設置が承諾された。そして、陳儀とのさらなる交渉を経て、この委員会は6日に「この事件を通じて、我々の目標は貪官汚吏の一掃と、台湾の政治改革の実現であり、決して外省人の排斥ではなく、むしろ外省人の政治改革への参加を歓迎する」と表明した。翌７日には「処理大綱」が採択され、放送で全島に知らされた。

ところが、陳儀は事件処理委員会と交渉し、その要求を受け入れるような態度を見せながら、

専売局台北分局前に集まり抗議する民衆。タバコ売りの女性に発砲したのが、台北地区において阿片やタバコの専売を行っていた専売局の職員だった。

7日まで時間稼ぎをしていたのである。

翌8日には国民党政権の増援部隊が基隆港と高雄港から上陸し、台湾はたちまちのうちに生き地獄と化した。援軍が上陸すると同時に、政府は凄惨な報復に転じたのである。

台湾全島が動揺した。軍は人民を制圧し、無差別に検挙し、多くの場合銃殺された。裁判官・医師・役人など、日本統治時代に高等教育を受けたエリート層が次々と逮捕・投獄・拷問され、多くは殺害された。その数は約2万8000人にものぼるとされる。

孫文の掲げる三民主義とは名ばかりにすぎなかったのだ。学生であった李登輝も秘密警察に狙われた。この事件から2年後に発令された戒厳令は1987年まで継続したが、解除した後も国家安全法によって言論の自由が制限された。約40年の間、台湾の人々が事件を語ることは禁じられたのだった。

しかし、1988年に李登輝が台湾人として初の総統に就任すると、ようやく本格的な民主化時代が到来し、二二八事件について語ることが公に認められた。今日の民主化が実現したのは、1992年に李登輝総統が刑法の改正を行い、言論の自由が認められてからのことであった。

この二二八事件に端を発する国民党の殺戮と鎮圧は、当時の国際社会から激しい批判を浴びている。特に、国共内戦で支援を受けていた米国からの抗議を受け、蒋介石は陳儀を免職し、南京に召還した。その後、陳儀は1950年に中国共産党と通じたとして反逆罪で逮捕され、翌年に処刑された。

以上、二二八事件からうかがい知ることができる国民党の残虐性を述べてきたが、これと前後して、中国人の本性を暴露した恥ずべき行為は数えきれないほどあった。国民党軍は民家や商店に押し入り、手当たり次第に略奪をしたのである。

まもなく、内省人によって、各家、各所の壁に「犬が去って、豚がきた」という手書きの紙がベタベタと貼られるようになった。第1章で「犬はうるさいが、それでも番犬になる。豚はただ貪欲に食い散らすだけだ」という言葉を紹介したが、それ以来、内省人は外省人のことを「豚」と呼ぶようになったという。

内省人はこの二二八事件を機に日本時代を振り返り、改めて評価を下すと「日本時代の方が良かった」と思わざるを得なかった。国民党の強権政治はそれで終わることなく、二二八事件後も相変わらず裏切りと虐殺と苛酷を極めた。

日本統治時代にすでに「国家」を体験していた内省人は、そんな状態でも国家の在り方を冷静に問うことができた。自分に甘く他人にも甘い性格を有している内省人からみても、日本と比べたら中華民国の強権政治は、100%の落第であった。

こうして、二二八事件と国民党の強権政治がもたらした結果ではあるものの、日本語世代の内省人は国民党に幻滅し日本を相対的に評価するようになった。

日中国交回復と日台断交

私が台湾に赴任したのが1980年のことで、日中国交正常化により日本と台湾が断交となって8年が過ぎていた。断交といっても、経済や貿易を通じて交流している我々にとって、特に大きな問題はなかった。

しかし、時には不便を感じることもあった。日本の知人から「郵便の国名をどのように書くのか」と聞かれるのだ。「中華民国」なのか、「中華民国台湾省」なのか、「台湾」なのか。日本の郵便局窓口に聞いても返事は曖昧であった。ただし、これは断交の影響ではなく、台湾の法的地位の問題である。

その他に、日本製品がなかなか入手できなかったり、日本の雑誌やイギリスのエンサイクロペディアの内容が、検閲された後なのか、黒マジックインクで中華民国に不都合な箇所が塗りつぶされたりしていた。これらも断交の影響かと思っていたが、これは戒厳令が原因であった。

内省人からみれば、日台断交によるショックは計り知れないものがあったのではないだろうか。そう思って、内省人の劉さんに話を聞いてみたことがある。

彼は、「日本が負けて、台湾も苦難を被りました。それを考えてくれなかった日本の台湾に対する態度は、あまりにも冷たすぎると恨んだ人が多かったと思う」と言った。

「でも、日本にしてみれば、アメリカに先を越され、断交は仕方がなかったんですよね」と日本に対して好意的な感想に変わった。そのように言ってくれて、私は恐縮するしかなかったが、彼はさらに「断交になっても、民間ベースの交流機関はお互いにうまくいっていた。そういう意味では、日本は約束を守ったんですよ。断交をちらつかせて弱みにつけこむようなことはしませんでしたから」と続けて言った。これは、それまでは親台的だった韓国が1992年の台韓断交に際して、自動車5万台を押し売りした事件のことを言っているようだった。

しかし、このような意見が内省人全体の考えと思うのは尚早である。全員がこのような割り切った考え方をしているわけではない。ただし、多くの内省人が「なぜ日本はいつも中国のことばかり考えているの？」という不満を持っているのは間違いないようだ。それでもその一事をもって日本人を非難しないのが彼らの思いやりなのだろう。

「日本はアメリカに先を越された」というのは、当時のアメリカ大統領ニクソンによる突然の訪中のことである。日本の新聞は日本の立場を無視した頭越し外交だといって騒いでいた。結局、日本はニクソン大統領による訪中から7ヶ月後の1972年9月に、当時の田中角栄首相が中国を訪問し、周恩来首相との日中共同声明により日中国交が正常化された。

日中共同声明では、日本は中華人民共和国が中国の「唯一の合法政府」であることを認めたものの、中華人民共和国が「台湾は我が国の領土の不可分の一部」であることを主張したのに対しては、日本は中国の立場を「十分に理解し、尊重する」ことを約束しただけであり、これまで承認したことはない。したがって、台湾の中華人民共和国への編入を促す内容にはなっていない。

この日中共同声明に際し、時の大平外務大臣は「日華平和条約」は終了したという談話を発表し、この瞬間、１９５２年から20年間続いた日本と台湾（中華民国）の国交は絶えたのである。

しかし、日本は断交後に備えて椎名悦三郎特使を台湾に送り、蔣経国に事前説明を行って精一杯の誠意を示していた。

また、台湾側が外務省に対し「もし国交断絶の事態が生じた場合は、駐日大使館側は国交断絶後、時機を失することなく交渉し、経済文化関係維持のために、日本に『官』、少なくとも『半官』の地位をもつ領事機能を有する機構を設置する」と提案していた。この駐日大使館対処構想への了解を、日本は中国側から取り付けたのだ。

この結果、日本側は日台交流のための公益法人である「交流協会」の本部を日本に、在外事務所を台北及び高雄に設置して、台湾側は「亜東関係協会」の本部を台北に、対日窓口機関である台北駐日経済文化代表処を東京、横浜、大阪などに設置することになった。

劉さんの言う「日本は約束を守った」というのは、椎名特使の台湾訪問と民間ベースとはいえ、領事機能をもつ機構をお互いに設置できたことである。

なお、日台間の領事館設置の問題では、日本は中国からの「中国はひとつ」という強圧的態度に押され、「日華」あるいは「日台」を付けることができなかった。しかし、米台間の領事関係については、日本と同様に民間機関となっているが、公的に両国の名前が入っている。アメリカの駐台湾代表部は「アメリカン・インスティテュート・イン・台湾」となっているのだ。

日中間の航空協定を締結する際に中国政府から出された「中国と国交を持つ国の国営航空会社（ナショナルフラッグ）は、台湾との通航は許されないし、民間航空会社が台湾との通航を望む場合には、その国の政府と中国政府との交渉をしなければならない」という申入れにより、日本航空の台湾乗り入れは禁止された。そこで、別会社として日本アジア航空が台湾に運航することになった。

さらに、1973年に中国側は、「中華航空の名称変更、日本への整備業務及びカウンター業務の委託、そして飛行機の機体にある青天白日満地紅旗を使用しないこと」を日本が台湾側に求めるよう要請してきた。これに対して、台湾側は深刻な政治問題であるとの認識から日本側の変更要求を拒否した。劉さんの言う「日本は中国のことばかりを考えている」とはまさに、この航空路線の問題に象徴されるだろう。

その後、宮沢外相が、中国の意向を反映した大平外相の発言を否定したことによって、台湾側も航空路線再開に関する民間協定に同意する政府声明を出し、1975年8月、約1年3ヶ月ぶりに日台航空路線が再開された。

このとき初めて、台湾のことを中国の言いなりにならず、日台間で解決することに成功したのである。

結局、日本はアメリカに頭越し外交をされたと騒ぎ立てていたけれども、それで米中国交が樹立していれば、逆にニクソンに毒味役を期待することも可能であった。

しかし、米中国交が樹立したのはそれから7年後である。焦った日本は自らが毒味役に回ってしまい、アメリカは1954年の米華相互防衛条約の締結時に確立した「ふたつの中国」、あるいは「ひとつの中国、ひとつの台湾」の政策を維持したのだ。

高度成長を支え日台友好に貢献した日本語世代

国民党政権に接収された台湾経済は、1945年当初、行政の人為的な失政と大陸における国共内戦の影響、さらに大陸からの外省人の移住により危機的状況に陥った。それでも、1950年の朝鮮戦争を機に、アメリカのトルーマン大統領が宣言した「台湾海峡の中立化」によって台湾と中国の相互侵略は断たれ、台湾はアメリカの軍事保護下におかれた。このおかげで、台湾は経済再建と復興に専念できた。

二二八事件の後、内省人は政治の世界を嫌悪し、経済志向に走った。肥沃な土地に勤勉な人民、そして日本統治時代の遺産もあった。それに加えて、アメリカの援助と日本の借款供与もあり、「奇跡」と言われる経済成長を成し遂げていくことになる。

国民党政権の危機意識も見逃せない。「出口加工区」(輸出加工区)を1965年に創設し、1973年からはインフラの整備と重工業化の「十大建設」も着工された。

1950年代から1970年代までのGNP年間平均成長率は、50年代8・3%、60年代9・2%、70年代10・3%と高度成長を達成していた。

80年代も、86年と87年はドル安と円高の影響で12・6%、11・9%の高い成長率となったが、米国への貿易黒字が圧力になり、台湾元が大幅に切り上げられた。それに伴い賃金の上昇、労働力不足を招いた結果、88年は7・8%、89年は7・3%、90年には5%と下降線をたどった。

台湾政府は、この経済減速感に危機感を抱き、ハイテク産業の育成に重点を置くことを決定し、「新竹科学工業園区」操業を開始した。そして、ＩＴ関連産業、電子部品、精密機械、自動車部品、電気器具などの機械産業が政策的に奨励された。

１９８８年以降、成長率が低迷する傾向にあったものの、台湾の国民１人当たりのＧＮＰも１９９２年には１万ドルの大台にのぼった。


これらの高度経済成長を支えてきた背景に「日本語世代」の活躍があったことは見逃せない。台湾は１９５０年代から高度経済成長期に突入していったが、日本は１９６０年代にすでに賃金コストが上昇し始め、国際競争力を失わないために、台湾に製造業の下請けを出し始めた。台湾の輸入は、しばらくの間日本が第１位を占め続け、１９８９年では台湾の日本からの輸入は機械設備53％、工業用原料34％で合計87％を占めていた。いずれも台湾の輸出製品の加工には必要なものである。したがって、輸出が増えれば対日貿易赤字も増えるという問題もあったが、輸出に依存する台湾経済は日本の下請け構造になっていた。

台湾には輸出の60％を占めるほど中小企業群が多かったので、日本企業も下請けとして発注しやすかったのである。

日本側から見ると、距離も遠くないし、日本語を流暢に喋れる台湾人がどの企業にも董事長、総経理、顧問などの役職でいて、対応も早く約束もほぼ守ってくれたので安心してＯＥＭの注文を出していた。

台湾の「日本語世代」からみれば、下請けという「金儲けのチャンス」を提供してくれた日本に対して親近感を高め、日台湾経済発展に大いに貢献し、日台友好の礎を築いた時期であった。我々の顧客にも、多くの「日本語世代」がいた。彼らは台湾情報に詳しいのはもちろん、日本人とも十分すぎるほどコミュニケーションがとれていた。

「日本語世代」が台湾経済に貢献したことは高く評価されるが、経済の分野だけでなく、「和歌」や「川柳」「俳句」などの会をつくり日本との交流を続けている人々も多い。

このような「日本語世代」も現在では70歳以上の高齢となって社会から引退していっているが、まだ現役で頑張っている人々もたくさんいる。

こうした親日的な「日本語世代」が第一線を退き始めると、それに伴って台湾の親日観も減衰するのではないかと思うのは当然のことである。だが、次の親日族も育ってきている。

日本語世代に助けられた中日電熱会長蓑田賢一の恩返し

台湾駐在時代に、あるゴルフ仲間から蓑田《みのだ》賢一さんという台湾生まれの日本人を紹介してもらった。劉さんに蓑田さんのことを話したら、すでに2人は面識があった。蓑田さんとは休みの日にゴルフやテニスをしながら交流させていただき、身の上話もいろいろと聞かせてもらった。ちょうどその頃、彼の会社も順調に成長し始め、台湾を拠点に中国にも進出しようと考えていたようだが、当初から順調な滑り出しだったわけではなかったことがうかがえた。「俺は台湾人に助けてもらった」と言っていたからだ。

それから25年後の2010年に、蓑田さんと再会することができた。彼の会社は台湾高雄に本社があるが、中国に廈門《アモイ》工場、廈高《シャーカオ》工場、深圳《シンセン》工場の3つの工場があり、ほとんど廈門を拠点にしている。高雄には月1回来ており、その日程が運よくめぐり合ったのだ。

蓑田さんと、劉さんと友人の後藤さんと中国料理店で食事をしながら、いろいろと話をした。劉さんに外省人と内省人の比率や、一概に外省人といっても全員が国民党支持と限らないのと同様に、内省人でも国民党支持に回ることがあるという実情を説明してもらったり、政治の話だけでなく、蓑田さんが生まれた嘉義《かぎ》地域の話にも花が咲いた。

帰り際に蓑田さんから「俺、本を出したんだよ。よろしければ読んでください」と言われた。『ヒーターに生きた男―台湾から世界を制す』というタイトルであった。

この本は、32歳で生まれ故郷である高雄に戻った蓑田さんが、高雄工場を今日の世界トップメーカーにまで育て上げた話が書かれている。その中から、蓑田さんの台湾への思いが感じ取れるエピソードを紹介したい。

1933年台湾の嘉義に生まれ、小学校6年のときに終戦を迎えた蓑田さんは、台湾を離れ父の実家である熊本に引き揚げた。1957年N電熱に入社し、1965年、高雄に工場を建てるため20年ぶりに生まれ故郷に戻った。

高雄の左営区内に中日電熱工場を建設してから2年後、アメリカGE向けの電気毛布の話が舞い込んできた。左営工場では生産能力が足りないので、今より広い900坪の高雄加工区に移転してからヒーターの受注も順調に増え、社員も増やして何とか乗り越えてきた。

しかし、会社が軌道に乗り始めた矢先に、上得意先であった繊維業界の景気が悪くなるという危機に直面する。同業他社との価格競争も厳しく、原価的に苦しい状況が続き、赤字になることもあった。工員たちに払う給料が足りないときには自分の給与を削り、それでも足りない場合はなんとか借金をしてしのいでいた。

この苦難を振り返り、彼はこう述懐している。

「台湾で工場を動かしてから20年間は借金との戦いだったが、借金できたのは自分が台湾生まれの、台湾育ちであったからだった。かつての同級生のご両親、先輩の華南銀行の支店長、投資会社の董事長らが個人の財産を抵当に入れてまで助け舟を出してくれた。彼らがいたからこそ、今日の中日電熱があり、会長の私が存在している。私は一生、台湾の人たちに足を向けては眠れないと思うことがしばしばある」

苦しいときに「俺は台湾人に助けてもらった」という蓑田さんは、彼らへの恩返しがしたいという思いを忘れなかった。

廈門《アモイ》にいた蓑田さんは、ある日NHKのドキュメンタリー番組を見ていた。それは1998年8月に中国の江西省長江流域で起きた大規模な洪水から、数ヵ月後の映像であった。

村の小学校の校舎も流され、民家で授業を受けている光景が流されていた。その中にぽつんと空いた机があった。水害で足を折り、学校まで来られない「王美玲」という12歳の女の子の席と紹介されていた。毎日ベッドに寝たきりで、学校に行けないためクラスメイトが学校の帰りに彼女の家を訪ね、その日学んだことを教える日々が続いていた。

蓑田さんは番組が終わるやいなや、番組ディレクターに連絡をとり「王美玲という女の子を廈門に呼んで治療を受けさせたい」と伝えて、女の子の住所を教えてもらった。女の子の居場所の近くに住む女性社員が廈門の工場に１名いたため、彼女の正月休みにオートバイで片道８時間かけて行ってもらった。

そうまでして蓑田の思いを女の子に伝えたが、返ってきたのは「警戒され信じてくれなかった」という報告だった。

それでも蓑田さんはあきらめず、王美玲の父親あてに、廈門までの交通費と当面の生活費として[*12]２０００人民元を手紙と共に送った。ようやく彼の熱意が届き、王美玲は父親とともに旧正月明けの春、廈門にやってきた。すでに水害から半年以上の月日が流れていた。

事前に頼んでいた国営中山病院の特別室に入院してもらうことになったのだが、実はこの話が廈門市長まで伝わり、特別室の提供と優秀な医師を主治医としてつけるよう取り計らってくれたそうだ。約１ヶ月後に無事手術も終わり退院できた。さらに、失業中だった父親は中日電熱の工場で働くことになった。

蓑田さんが夏休みに廈門に遊びにきた王美玲に「あなたは人に助けられたのだから、将来は誰か他の人を助ける仕事を探してほしい」と伝えると、「将来は看護婦になりたい」と目を輝かせていたそうだ。

治療費総額は日本円で200万円程だったが、蓑田さんは別に感謝してほしいとか、何か見返りを求めているわけではない。「自分は日本人に助けられた」という気持ちが残っていれば、それでよいと言っていた。

これは、蓑田さん自身が、これまで多くの台湾人そして中国人に助けられたという感謝の念を抱いているからこその行動だ。自分の会社を世界一の会社に育ててもらったことへの、恩返しのひとつなのである。

＊12：その女性工員の月給が350人民元だった頃である。

親日的な政権・李登輝の対日政策

1984年、蔣経国が総統になったとき副総統に李登輝を指名したのは、決して彼を後継者に選んだからではなかった。台湾人口の86％を占める台湾人（内省人）に対する配慮として決断したものにすぎない。つまり、「飾り物」の副総統であった。

公には李登輝の「真面目で誠実」な人柄が認められたということだが、蒋経国から見れば、野心的でなく安全度が高いから指名されたとも囁かれている。

しかし、１９８８年1月13日に蒋経国総統の突然の死が報じられると、憲法の規定に従い李登輝が総統に昇格した。傀儡総統にしようと策を練っていた宋美齢は彼の党主席就任に反対していたが、内省人勢力の台頭がめざましく、党主席にも選出された。


李登輝は、代理総統の期間を終え、１９９０年3月に行われた総統選挙で正式に総統に選出されると、その翌年、「動員戡乱《かんらん》時期臨時条款」を廃止した。

これは内戦における反乱団体・中国共産党を平定するまでの間、この条款によって憲法本文が凍結され、戒厳態勢に置くことを示すものだったが、これを廃止したことによって「内戦は終結した」とされる。つまり、台湾の非常事態体制は解除されたのだ。初めて中華民国憲法を改正したのである。次いで、１９９２年に刑法の改正を行い、言論の自由が認められた。これにより、言論段階でも「思想犯」や「陰謀罪」は成立しなくなった。

これ以降、李登輝政権によって様々な制度が改正されていく。１９９４年7月に開催された国民大会において、第9期総統より直接選挙を実施することが決定された。同時に総統の「1期4年・連続2期」の制限を付し独裁政権の発生を防止する規定を定め、その2年後に初めて行われた総統直接選挙で、李登輝は54％の得票率で当選した。

今度は行政改革を進めた。１９９７年に憲法を改正し、台湾省を凍結して台湾省政府は事実上廃止となった。

李登輝（写真提供：共同通信社）

こうして次々と改革を断行し、台湾は民主国家への道を歩き始めた。台湾人が長い間待ち望んだ道であるが、これらの諸改革はとても常人のなせることではない。

しかし、２０００年の総統選挙では後継者に連戦《レンセン》を立てて戦うが、国民党を離党した宋が立候補したことから国民党投票が分裂したこともあり、民主進歩党（民進党）の陳水扁が当選して第10期中華民国総統に就任した。こうして平和的な政権移譲が実現したが、野党に転落した国民党内部からは党首辞任の要求があり、李登輝は2000年3月に主席を辞任した。12年に及んだ政権は幕を閉じた。

辞任後、「中華民国はもう国際社会に存在していない。台湾は速やかに正名を定めるべき」との台湾正名運動を陳水扁総統と展開したことにより、国民党より反党行為であるとして党籍剥奪の処分を受けた。

その後は、台湾独立派と見られる民進党と関係を深め、2004年の総統選挙では陳水扁を側面応援した。しかし、次第に陳水扁を批判するようになり、民進党とも距離を置くようになる。2008年の総統選挙では民進党候補の支持を表明したが、馬英九が当選すると協力する意向を示した。

李登輝が総統時代にとってきた対日政策を見ていきたい。彼は就任以来、日本に対して親近感を寄せるために新聞、雑誌、テレビメディアを最大限に利用し、自らも、インタビューに応じて、台湾の親日観を増幅していった。

1991年4月、大使に相当する駐日代表の地位に、内政部長であった内省人の許水徳を任命した。日本語を話し、直接各界とパイプを構築できる人物である。後に続く駐日代表も日本語が流暢に話せる人物が就任したが、基本的政策は李登輝総統が展開していった。

政界関係でも、それまで構築されていなかった社会党・土井たか子、宮沢派議員とのパイプも構築された。やがて、台湾側から台湾の外交部長や立法院副院長などの訪日が実現し、遂には超党派で改組された「日華議員懇談会」が発足した。これによって、日台の政権交代があっても、幅広い交流が継続できる太いパイプが構築された。

このような対日政策が機能し始めて、１９９５年の李登輝訪米から総統選挙、大阪ＡＰＥＣなどの一連の出来事は、日本の紙面でも大きく取り上げられ、台湾・李登輝の知名度を格段に高めた。その結果、１９９５年頃より日本の雑誌や新聞を開けば「李登輝」の文字が目に飛び込んでくるようになった。

２００1年4月には、李登輝元総統の初来日が実現した。２００５年に発刊された司馬遼太郎の『台湾紀行』には、李登輝と司馬遼太郎の対談である「場所の悲哀」を掲げ、その中で「台湾は台湾人の国である」と歴史状況や現況を述べていた。

台湾で「一番好きな国」「一番信頼できる国」に日本がよく挙げられるほど親日度が高い理由は、李登輝元総統の親日姿勢によるとする考えが多い。

親日的な政権・陳水扁政権

親日的な李登輝政権が12年間も続いたことで、社会の動きが親日へと後押しされたことは確かである。２０００年の総統選挙で、その動きを大いに利用したのが民進党の陳水扁候補陣営であった。陳水扁候補陣営は、若者を中心に浸透していた日本の「かわいい文化」である「阿扁人形《アービエン》」というキャラクターグッズを取り入れて、若者の圧倒的支持を受けた。

当選を果たした陳水扁総統は、戦後の国民党による反日教育で育った世代であり、日本に対してどのような考えを持っているのか、日本では心配されていた。しかし、陳水扁総統は前政権の李登輝時代の政策を継承し、行政や政策を実行するに当たって日本に意識的に接近し学ぼうとした。

また、中華民国の法制度は日本統治時代のものをもとにしてつくられていたこともあり、農協改革に取りかかるときでも環境立法を整備するときでも、日本の法制度を参考にしていた。前政権時代から台湾各地で進められていた都市計画整備に日本人建築士が必ず招聘《しょうへい》されていたため、これも踏襲されることになる。

こういった動きを受けて、日本でも台湾への関心が高まっていた。まず日本のマスコミ各社は、1998年以降、次々と台北に支局を開設し、1年後には石原慎太郎元東京都知事が都知事として初めて台湾を訪問したのに続いて、要人が相互に行き来するようになっていく。

李登輝元総統の初来日、交流協会台北事務所主催による天皇誕生日祝賀会、さらに森元首相の訪台および陳水扁総統との会談など大きな動きがあり、その後、台湾住民への査証免除を可能とする議員立法が成立し、運転免許証の日台相互承認も実現した。

陳水扁
（© Dcoetzee and licensed for reuse under Creative Commons Licence）

このように、日本も台湾からのアプローチに対して精一杯対応し、日台間交流の環境が整っていった。

ちょうどこの頃、陳水扁政権が新設した外交部の「日本事務会」に対して、在日台湾人から「日本の出入国管理局は我々台湾人を『中国人』としている」という不満が多く寄せられていた。

そこで、「日本事務会」は２００１年８月に日本各地で署名運動を広げ、日本政府に改善するよう交渉した。結局、入管法改正で台湾出身者は「台湾人」と表記されることが決定したのは、７年後のことであったが、この運動がきっかけとなり台湾の正名運動も盛り上がったのである。

陳水扁と李登輝は、台湾の正名運動に対し積極的な姿勢を見せた。運動が巻き起こる以前の１９９６年、当時台北市長を務めていた陳水扁はすでに、蒋介石の長寿を祈願する「介寿路」を「凱達格蘭《ケタガラン》大道」に、「光復」を「終戦」に訂正した「正名」の実績を作っている。

また、２００３年８月に台湾で開かれた正名運動の15万人決起集会において、李登輝元総統は台湾の建国運動を一気に加速させる次のような発言をしている。

「中華民国はすでに存在しない。台湾人が推進しなければならないのは『正名』と『制憲』なのだ。中華民国体制の下で国名を改正して新しい憲法をつくり、中華民国を終結させることはまず不可能だ。だから、国家の主権者たる国民の投票で実現するのが現実的だ」

陳総統も「台湾中国、一辺一国」すなわち、台湾と中国は全く別の国家であることを掲げ、公民投票を訴えた。その直後の２００３年11月、陳総統の発意による、念願の公民投票法案が国会で成立し、これによって台湾の独立への道が開かれたかに思えた。

だが、「台湾が独立を宣言することがあれば軍事力を行使する」と脅している中国と台湾の関係が緊張することを望まない、アメリカのブッシュ政権はこれを嫌った。背景には、中国と「国際テロリズムに対する戦い」のパートナー協定を締結したことに加えて、中国の巨大市場に幻惑され、すり寄り始めていたことがあるようだ。

それゆえにブッシュ政権は「台湾が大陸から攻撃を受けた場合には台湾を守るが、台湾が独立した場合には防衛しない」ことを明らかにし、2004年3月の選挙で陳総統が再選を果たすと、「(陳政権が)何をするのか、わからない」と不信感を深めていた。

そんなアメリカの意向に反して、台湾独立への気運はさらに高まっていく。陳水扁総統は2期目(2004~2008年)に入ると、台湾の玄関口である「中正空港」を「桃園空港」に改め、蒋介石の頭部が乗った児玉源太郎の銅像を撤去するなど、台湾正名政策を加速度的に進めた。さらに、中華郵便を台湾郵便に、中国造船は台湾国際造船に、中国や中華がつく名称を捨てて、台湾に改めるという正名運動が盛んになった。

しかし、結局アメリカに背を向けられたために、台湾独立を求める勢いはしぼんでしまったのである。陳政権は陳総統夫人が公金を流用してダイヤモンドを買ったというスキャンダルもあって、支持率が低下したために2008年3月の総選挙で敗れた。

8年間の陳水扁政権時代は、台湾の親日度合いが増幅し、その感情が幅広い世代に浸透した時代だった。その時代に駐日代表に任命された許世楷《きょせいかい》が八田與一の顕彰強化を提唱したことで八田が注目・再評価されると、台湾のインフラ建設の基礎をつくった多くの日本人にも光が当てられることになった。2007年に開通した「台湾高速鉄道」も、そうした日本技術への高い信頼感が背景にあるといえるだろう。

黄昭堂が述べる「日本帝国と蒋介石政権」の統治

李登輝政権時代からの親日政策のおかげで、台湾は親日への傾斜を増していた。政府・国民党の一部には、日本統治を美化する風潮にストップをかけようとする動きが出始めるほど、大きなうねりとなっている。

だが、李登輝政権より前にも、日本に対する親しみを抱くような出来事はなかったのだろうか。もちろん二二八事件などについてはすでに紹介したが、もっと公平な観点からその答えを見つけることはできないだろうか。

そこで、『台湾総督府』の著者でもある黄昭堂が、日本帝国と蒋介石政権について記したものを引用したい。彼は、日本統治時代の支配構造は、戦後、国民党による蒋介石政権の統治とあまり変わっていなかったとして、次のように見ている。

日本帝国は台湾統治を確立するために、数万の台湾人抗日運動者を殺害したが、蒋政権も終戦直後の一九四七年、反圧政に立ち上がった台湾人の抵抗運動である「二・二八事件」にたいして報復を加え、数万人の台湾人を虐殺した。

日本帝国は「一視同仁」を旗印にしながら、台湾人に参政権を与えなかった。蒋政権は台湾人を「同民族」「同胞」と規定しながら、台湾で総選挙をおこなうのを恐れ、その国会は一九四八年以来、全面的改選をしていない。

日本帝国は最後の数年になってから、台湾人を軍隊に入れたが、それよりも早くから台湾人を犬馬に劣る軍夫に徴用した。蒋政権は最初から台湾人を軍隊に入れて「くれた」が、それをもっとも危険度の高い大陸沿岸諸島、金門、馬祖に配備している。

日本帝国はその支配後期に、台湾語の弾圧にのりだし、蔣政権も、後期には台湾語バイブルの没収にみられるように、台湾語の弾圧にのりだした。

もちろん、日本帝国が台湾人の政治結社をあるていど認めたのにたいして、蔣政権はまったく認めなかったこと、日本帝国はほとんど台湾人を起用しなかったが、蔣政権はあとになってからあるていど起用していること、日本は明治二十八年から翌年にかけて、それに日露戦争中、台湾に戒厳令をしいたが、蔣政権は一九四九年以降、今日にいたるまで戒厳令をしきつづけていることなど、若干の相違はあるが、類似の点があまりにも多い。台湾を支配したこの両者には、共通のルールがあると見るべきではないだろうか。だがいずれの時代も、台湾人は圧制を受けながらも、たくましく成長していっている。

このように、いずれの外来政権によっても台湾人が圧制を受けたと述べているが、黄昭堂は、戦後、台湾人に敬愛の念を抱かせた礼を重視する「日本人教師の教育理念」とともに、「日本人の潔さ」にも注目していた。この日本精神は明らかに中国人の素性とは異なるものだった。

1895年4月の日清講和条約調印後の翌日に台湾独立の準備が進められ、「台湾民主国独立宣言」が布告された直後に、総統の唐景崧《とうけいすう》が老婆に変装してアモイに逃げ帰ったことは先に記したとおりである。

一方、台湾総督府最後の安藤総督は、送還業務が一段落したあと、軍幹部とともに戦犯として逮捕され上海に送られたが、到着後、隠し持っていた青酸カリで自殺した。「毀誉褒貶《きよほうへん》の多い人ではあったが、任務を達成したうえでの自殺はりっぱである」と黄昭堂はその潔さを讃えている。

権力をもつと鼻持ちならぬ傲慢さを発揮するが、没落すると屈従に甘んずる、これら日本人の潔さが、この期になってはじめて台湾人に好感をもって迎えられた。上司にたいしては手で額を叩きながら追従笑いをし、振りかえりざまに自分の部下をののしる日本人の上下関係のパターンは、いやらしさの典型とされていたが、敗戦後はそれが一転して「潔さ」として台湾人の目に映ったのである。

黄昭堂は、この日本人の潔さに対して、台湾人が親しみを抱きはじめていたと言っている。李登輝や陳水扁政権よりも前に、台湾人が親日感情を抱くようなきっかけを見出せるとすれば、このような点ではないだろうか。

品よく洗練された台湾高速鉄道の駅務員小姐

2007年1月15日、台北駅～左営《さえい》駅間を結ぶ台湾高速鉄道が開業した。距離にして345kmの距離を最高時速300kmで走る「のぞみ」型列車で、所要時間は約1時間30分である。これは日本の新幹線の車両技術を導入したものだが、契約を結ぶまでにひと悶着あった。この10年前から高速鉄道事業計画は進んでおり、価格面を考慮されフランス・ドイツなどの欧州連合が一度落札した後に、台中中部に地震が起きた（921大地震）。それに伴い計画が見直され、地震検知技術を推していた日本連合が落札し契約を締結した。

だが欧州連合がこれに反発し、結局、分岐器はドイツ、列車無線はフランス、車両と乗務員訓練、機械・電力コアシステム、早期地震検知警報システム（ユレダス）の4つが日本、土木工事は国際入札を行うこととなった。

日本の新幹線技術が台湾に導入された背景に、李登輝政権下で言論の自由が認められたことが考えられる。過去の日本統治時代のインフラ建設や日本の高い技術を知ることができるようになり、そこから高い信頼感が生まれた可能性は否定できない。

こうした経緯で、台湾高速鉄道の乗務員訓練はＪＲが指導し、現在でも日台相互の訓練が行われている。そのことを私が肌で感じたのは、２０１０年に後藤さんと台湾を訪れたときである。到着の翌日に高雄に向かうため、その日のうちに台北駅で台湾高速鉄道の切符を買うことにした。申込用紙は自製の中国語と日本語が併記された様式を使い、台北〜左営間の切符を２枚買った。そのとき台風接近のニュースがあったものの、切符も買ったから安心して、夜の食事をしてぐっすり眠った。


翌日、予定の列車に乗るため台北駅に着いたら、やはり台風が影響し、ほとんどの新幹線は運行中止、もしくは各駅停車になっていた。

早速、切符販売窓口で時刻の変更をしたいと切符を出したが、窓口の方が「これはもう出発日を過ぎていますよ」ということをジェスチャーと北京語で言っている。日付を見ると、確かに昨日の日付になっている。我々の確認ミスだ。

どうにかならないかと前日使った申込書を見せると、窓口のミスとして改めて当日券を発行してくれた。「多謝《トーシャ》！　多謝！」と言いながら、切符をもらう。

これで大丈夫だとほっと一息ついていると、駅務員小姐《シャオチエ》が待合室までアテンドしてくれた。それだけでなく、列車が予定時間に入線してくると、また小姐が我々の座席番号の席まで案内してくれたのである。この気遣いには私も後藤さんも嬉しくなった。

席に着き、そういえば台湾では、明日または明後日の切符を事前に購入する習慣がなかったことを思い出した。だから、切符販売員は当日分で処理するものだと考えてしまったのだろう。列車は、台北を時間通りに出発した。乗り心地も日本の新幹線に勝るとも劣らない快適さであった。

戦後の平和で成熟した日本にあこがれる新しい親日族

私が高雄に駐在していた1980年代前半は、日本製品の輸入が規制され、なかなか現地で目にすることはなかった。しかし、高雄の街の本屋でも「ドラえもん」、「ウルトラマン」、「おそ松くん」などの漫画は売られていた。それらは海賊版や個人輸入品だったのだが、子どもからすれば楽しむには何ら問題がない。台湾人にも人気があったようだ。

日本の歌謡曲の音楽テープも台湾人の間で人気があった。台湾人歌手が歌った日本歌謡曲もあったようだが、やはり日本人のものが本物だと、日本人が歌った日本歌謡曲がより好まれていた。その人気の理由は、心の中に入り感情を揺さぶり心の糧になるから、ということらしい。

台湾人の「日本製品が欲しい」という思いは、この漫画や歌謡曲にとどまらず、高雄営業所の社員は私が日本に出張すると聞くと、資生堂またはカネボウの化粧品、正露丸、医薬品ルルなどを買ってきてくれないかと頼まれたこともたびたびあった。

総じて彼らは「日本語世代」の親日派より、少なくとも1世代以上若かったが、日本の情報については「日本語世代」と同等かそれ以上に、親日派から教えてもらっていたに違いない。「日本語世代」の方々は1990年代頃から徐々に社会の第一線より退いていくので、親日観は減衰していくであろうとの見方もあったが、そのような心配は杞憂に過ぎなかった。

それは、1990年代より存在が確認され、後に「哈日族《ハーリーズー》」と呼ばれる親日族の登場だった。「哈」は台湾語で「好きでたまらない」を意味する「ha」の当て字で、「哈日族」は「日本が好きでたまらない人々」を指している。

1996年のある日、台湾の人気ブックレビュー番組に、日本のことが好きでたまらない漫画家の陳桂杏《ちんけいきょう》が出演したとき、彼女の描いた漫画『早安日本』が紹介された。収録中、頻繁に「哈日」を口にする末期症状、「哈日症」の彼女を番組司会者が取り上げたことから、台湾のメディアはそのような人々を哈日族と呼ぶようになったという。こうして哈日族の存在が台湾の人々に広まっていった。彼女は台北市出身の親日の漫画家で、日本で活動する際のペンネームは「哈日杏子《はにちきょうこ》（中国語：ハーリーシンズ）」という。日本統治時代を体験した内省人の祖父から日本について教わったそうだ。

台湾の人気アイドル歌手の楊丞琳《ヤンレイニー》（１９８４年生まれ）も、「私は日本人の生まれ変わり」とまで公言している哈日族の１人だ。彼女は外省人2世だが、日本語を流暢に話せるし、日本の歌手やアイドルのファンだと言っている。

哈日族は、日本のアニメや音楽（特にジャニーズ系）、電化製品など日本の流行文化だけにとどまらず日本の伝統文化に関心がある若い世代をいうが、第3世代と呼ばれる若い外省人が中心となって台頭してきたのだ。

初期の哈日族は、「聖地」台北市西門町で日本で流行している洋服やアクセサリー、ＣＤ、フィギュアなどを購入し、化粧についても日本の流行雑誌を参考にしながら日本人の化粧の仕方を勉強する程度であった。しかし、彼らは「ソフトパワーのアニメ文化」の本格的到来で、日本をもっと知りたいと思うようになる。哈日族は日本をもっと深く、幅広く理解したがっていた。

そんな折、幸いにも李登輝が総統に就任したことで民主化が進み、１９８８年にはパラボラ

「台湾の渋谷」とも呼ばれる、台北市西門町
(© Stefan Ogrisek and licensed for reuse under Creative Commons Licence)

アンテナの設置が解禁され、ＮＨＫ衛星放送の受信が可能となった。この結果、日本の映画やテレビドラマが放映され始めた。そうなれば、「哈日」に容易にはまりやすくなり、ドラマはもちろん、その原作の漫画やキャラクター商品など大衆文化にひかれ、「日本が好きだ」と公言するほどの哈日族がどんどん増えていった。彼らは、大ヒットしたドラマのロケ地や舞台になったところを探訪するほどである。

哈日族の中でも、もっと日本のことを深く探求する人々は「知日派」と呼ばれ区別されているそうだ。「哈日」からもう一歩踏み込んだ人々とでも言うべきだろうか。彼らはただ好きでいるだけでなく、自ら日本語力を磨いて、日本のことを知ろうとする。それはアニメや漫画にとどまらず、日本の伝統文化や精神、あるいは政治や経済など、その範囲はかなり広い。彼らの中では、頻繁に日本を訪ねる人も珍しくないという。

哈日族は言論の自由が認められた世代であり、日本統治時代のインフラ建設や制度に対する評価も学んだ。そのうえ、国民党政権とあらゆる意味で対照的な、戦後の平和で自由で豊かな日本も知ってしまった。だから、平和的で豊かになった今日の日本への羨望と親近感を抱いているのだ。

２０００年以降、台湾人はあらゆる面で日本への傾斜を強めていったが、李登輝政権・陳水扁政権の親日政権が20年間も続いた影響は大きい。その時代に教育を受けた台湾の若者世代は日台関係の将来の担い手である。彼らはいたって親日的なのだ。

第４章　現在の台湾──馬英九政権

近代日本を研究する台湾人留学生・江永博さん

２０１４年9月のある日、甥っ子の前野陽一君の知り合いである台湾人留学生・江永博さんと食事をする機会に恵まれた。前野君と江さんは同じ居合道の道場に通う仲間だそうだ。

江さんは客家人が多く住んでいる桃園市の中壢*13《ちゅうれき》区出身で、日本に留学して7年になる。祖父母のもとで育ったので日常生活の中でよく日本語を聞いており、幼いころ祖父に叱られるときは「バカヤロー！」と日本語で言われたそうだ。

私が勤務していた会社の工場は同じく桃園市の楊梅《ようばい》にあったので、江さんには親近感を覚えた。私が「客家人の人々は勤勉だし教育に熱心で、優秀な人材も多く出ていますね」と言うと、彼は「その通りです。シンガポール初代首相のリー・クアンユー、台湾の李登輝元総統もやはり客家人ですね」と答え、笑顔を浮かべながら「客家人は日本人によく似ていますよ！」と社交辞令を言うのも忘れなかった。日本語は標準的できれいな発音であった。

彼は現在、大学院博士後期課程で日本史学を専攻している大学院生だ。修士課程では「学問の恩人」といわれる伊能嘉矩《いのうかのり》を研究し、修士論文にしたそうだ。

伊能嘉矩とは明治時代の人類学者・民俗学者であるが、彼は歴史学者としての伊能嘉矩に焦点をあてた。一般的には「台湾総督府民政長官の後藤新平が明治34（1901）年に発足させた〝臨時台湾旧慣調査会〟の幹事に就任し、本格的な踏査、研究を進めて多くの成果を上げ、それが台湾の人と産業を拓く施策に大いに生かされた」と紹介されているが、彼は「台湾において伊能の評価が高いのは、総督府関連の仕事内容というより、伊能個人の研究調査にあった」と語っている。

後期課程の研究テーマは確定ではないものの、「植民地台湾を中心として、そこにおける様々な文化施策について、研究調査を進めていきたい」と抱負を語っていた。余談だが、同研究科に後藤新平の曾孫である教授がいるようだ。

台湾人の中には哈日族《ハーリーズー》や知日派といわれる親日的な人々がいることを前章で述べたが、江さんはその典型的な知日派の1人である。こうした研究という形で日本に関わる江さんのルーツは、日本のアニメ・ゲーム文化や映画などの娯楽にあった。小・中学校のときには「ドラえもん」「マジンガーZ」「鉄人28号」「ドラゴンボール」「聖闘士星矢」などのアニメを見ていたし、日本のゲームも大好きで、「ドラゴンクエスト」「ファイナルファンタジー」などに熱中していた様子を話してくれた。

他にも、日台関係の映画もいくつか観ているそうだ。日本統治時代の霧社事件*14をテーマにした『セデック・バレ』、台湾に赴任した日本人教師と台湾人の教え子が恋に落ちる『海角七号君想う、国境の南』の2作について特に話をしてくれた。

『海角七号』というタイトルは、日本統治時代にあった住所で「高雄州恒春郡海角7番地」のことらしい。偶然にも私が駐在していた高雄が舞台で、映画に登場する墾丁《こんてい》国家公園には駐在時代に3回行ったことがあり、途中通った恒春も文字通り穏やかな気候の地であったと印象深く残っている。

最後に、江さんは「『KANO』という映画を日本でぜひ観たい」と言った。日本統治時代の1931年に高雄・嘉義《かぎ》の嘉義農林学校野球部が、甲子園で初出場ながら準優勝した実話をもとにし、台湾では2014年2月の公開と同時に大ヒットした映画だ。『海角7号』や『セデック・バレ』を大ヒットさせた監督がプロデューサーを務めているという。

現在の日本では、日本統治時代に詳しく、なおかつ野球に詳しくないと知らない世界の話である。前野君も「カノーとは何ですか?」と聞いていたがそれも不思議ではない。

これら日台に関わる映画も、戒厳令下ならば公につくり出されることもなかっただろう。言論の自由が認められ、さらに長らく親日政権が続いたことが大いに影響して生まれた文化である。

＊13：台湾北西部にある桃園市の第2の区。１９７０年代の台湾民主化運動の際に、不正をはたらいた国民党に対し焼き討ちを行った「中壢事件」が起きた都市でもある。

＊14：１９３０年に起こった最大規模の抗日暴動。日本人巡査がセデック族の若者を殴打したことに端を発し、セデック族が武装蜂起してゲリラ戦に持ち込むも日本軍に壊滅された。

台湾の東日本大震災義援金は世界最多の２００億円

東日本大震災に際して、台湾からの義援金は２００億円を超えた世界最多の額であったことはすでに承知の通りであるが、この額のほぼ半分以上が個人からの義援金であったといわれている。

地震発生の翌日、馬総統は「災害の大きさを踏まえて、1億台湾元（約2億８０００万円）を義援金として送る。日本は、１９９９年の台湾中部大地震や２００９年の南部台風災害で台湾を支援してくれた。我々も同様に積極支援する」と表明したことで、台湾人も大いに刺激された。

各市が窓口になり、個人からの義援金を呼び掛けた。また、3月18日にテレビで震災チャリティ番組を組んだところ、4時間半で21億円を超え、22日にはこの番組だけで40億円の義援金を集めていた。

それから1年後、2012年3月11日に日本で東日本大震災の1周年追悼式典が開催されたとき、台湾からも献花を受け取った。

しかし、民主党政権時代の不手際で、台湾代表台北駐日経済文化代表処の羅副代表が式典の献花に際して、国名を読み上げる指名献花から外されるなど冷遇された。台湾代表は「民間機関代表」と位置づけられ、企業関係者などの一般席に案内されたのだ。

なお、2013年の2周年追悼式典には、「指名献花」に台湾が加わったことを理由に、これに反発した中国と同調した韓国も出席しなかった。2014年の3周年追悼式典では、台湾は指名献花に加わり、韓国も2年ぶりに出席、中国は欠席であった。

このとき、台湾の義援金が世界最多となったのは、李登輝・陳水扁政権時代の教育を受けた「最も親日的」な青年層を中心とした台湾人の思いが数字として表れたからではないだろうか。台湾人留学生の江さんに、当時の民主党の不手際について正直どのような思いだったか聞いてみると、「そこまで中国のことばかり考えているのかと思うと残念」と本音をチラリと見せながらも、「台湾人は、お礼がほしくて義援したのではありませんから」と見返りを求めていないことも強調していた。

彼は、台湾の義援金が世界最多だったことを伝えても「それほどの義援をしたのは台湾人として誇りです。日本と台湾の絆は、言葉だけで説明し切れないものがあると思いますよ」と、日本人の私の胸に響くことばかり言ってくれるのだ。大学院で日本を研究している知日派の彼だから、そのような言葉が出てくるのだろうか？

「自分の考えは、親日的台湾人の平均的な考えというより、台湾人の平均的な考えです」というのが、江さんの答えだった。彼は続けて、「むしろ、親日派だけではないから、世界一の金額に達したと思っています。私は自ら、『自分は親日的だ』とは言いません。たしかに、中国よりも日本のことをはるかに親しく感じます。でも、親日派とレッテルを貼られると抵抗を感じる人も少なくないでしょう」と本心を述べた。

親日的という理由だけで支援をしてくれているのではなく、被害にあった人を助けたいという台湾人の思いがあの数字となって表れたのだろうと、私は思い直した。

この震災に関して、日本では日華議員懇談会が慰問のために来日していた、台湾の王金平立法院長に感謝状を贈り謝意を示した。また、日本側の交流窓口機関である交流協会が、感謝を示すＣＭ『台湾ありがとう！　日本の感謝と元気を伝える』を、台湾の主要テレビで１週間放映した。その中のひとつの「感謝広告」は、宮城県石巻市の中学生が古タイヤを利用した手製の太鼓を打っている場面に、「元気です。ありがとう台湾」と書かれていた。

多くの台湾人が、この交流協会が伝える「感謝」に感動したようだ。江さんもその1人だが、彼の言葉が印象深く残った。

「台湾のことに興味を持ってもらう、良いきっかけになればよいです」

地方政府にも浸透する親日観

馬英九総統は、2011年の八田の命日に行われた烏山頭ダム「八田與一記念園区《パーク》」の開園式で「私は反日派でなく、友日派だ」と挨拶し、森元首相や台湾の閣僚が出席した会場を沸かせた。ただし、「友日派」とは表明したが「親日派」とは言っていない。馬英九は元々、香港生まれの中国人で「親中派」であるからだ。

そんな「親中派」の馬英九総統がそのように表明するのは、日本と対立する限界を知ったからであり、親日観が圧倒的に浸透している台湾国民から再選の支持を得たいからである。馬英九が反日的政策をとっても、すでに民主化が進んだ台湾では総統の影響力は限定的なものだ。

むしろ、李登輝政権の後半から陳水扁政権の時代に民間の親日観の影響を受けた台湾政府も、政策を執行する面で日本に学んできていた。

それでも、馬政権になってからの中央政府は中国寄りの政策をとっており、危ない綱渡りと心配する人も多い。

とは言うものの、現在の台湾社会での日本傾斜の流れはそう簡単には変わらないようだ。

馬英九
(© Jami Su and licensed for reuse under Creative Commons Licence)

2010年以降、2回ほど台湾を訪問したが、台北市内を歩いていると、ある建築工事現場に「台北市建設工事現場5Sクリーン運動参加マーク」の垂れ幕が見えた。手のひらにアルファベットの「S」と、5本の指には「整理(Seiri)」「整頓(Seiton)」「清掃(Seiso)」「清潔(Seiketu)」「躾(Shitsuke)」の文字が書かれていた。日本での職場環境の改善運動スローガン「5S」と同様のものだ。

この運動は、台北市政府環境保護局の指導の下で2007年より始まったもので、建設会社が工事中の環境汚染防止と公共安全に自発的に努めることを目的として推進されている運動である。熊谷組は、1969年に初めて台湾の徳基ダム工事を着手させ、それ以来、「台北101」をはじめとする台湾の多くの建築工事に参加してきた。この「5S運動」を台北市政府に提起したのは熊谷組であろうが、これに刺激され、台湾の多くの建設会社も参加して受賞している。この5S運動は、日本企業によって台湾のみならず中国にも広がり始めている。

このように、台湾政府は現代日本のインフラ建設などの高水準技術を学ぶために、治水工事を日本の建築会社に発注したり、建築土木設計士を受け入れたりしている。

台湾には親日観が浸透しているといっても、客観的にどうなのかを知りたいところである。そこで、交流協会が行った日本に対する調査資料から確証を得ることにしたい。

交流協会台北事務所は1996年より「台湾における日本語教育事情調査」を行っているが、それによると台湾の日本語学習者は、1996年は16万人、2006年は19万人、2012年は23万人と順調に増えている。

これは、李登輝・陳水扁政権時代（1988年～2008年）に反日教育などの思想統制が

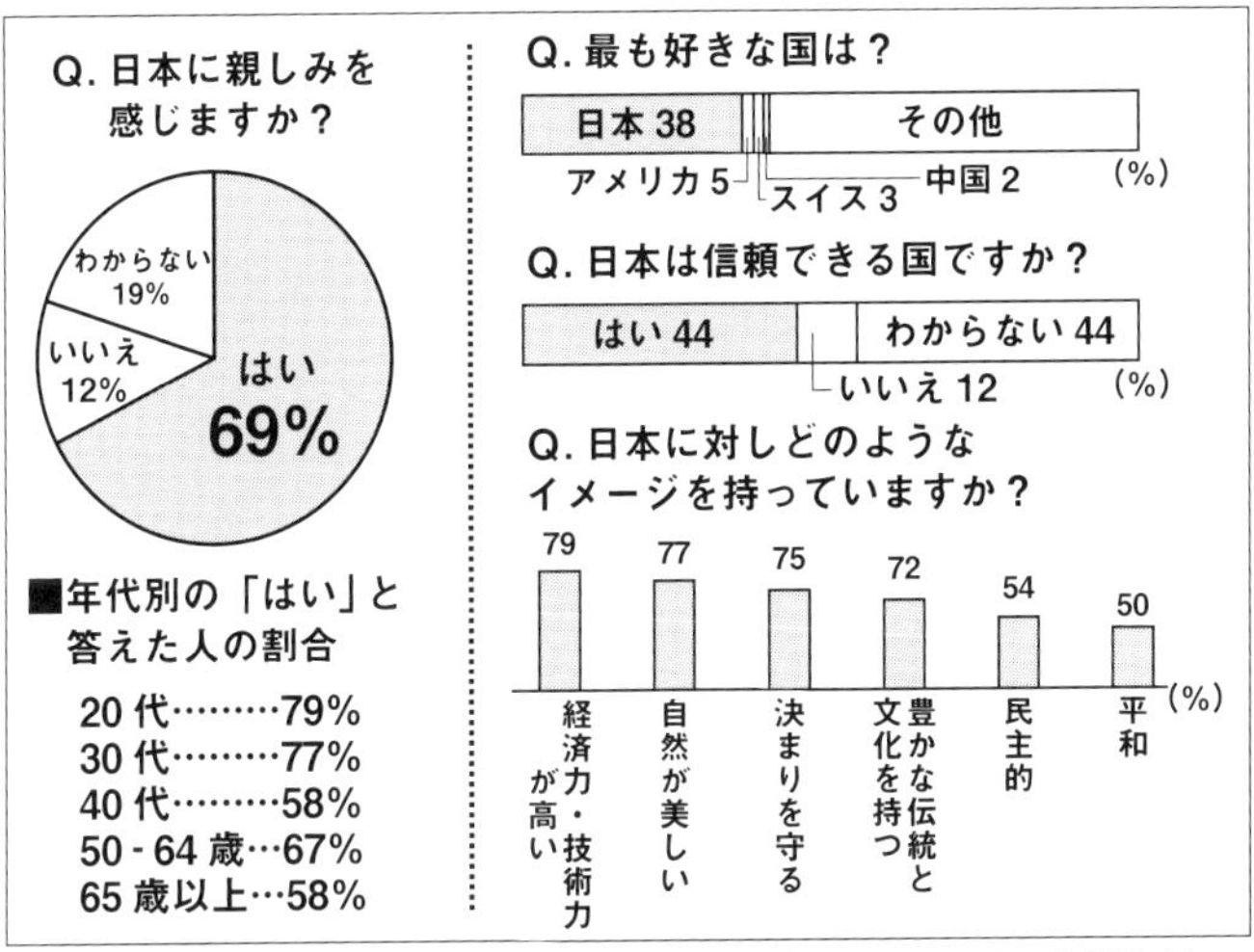

「台湾における対日世論調査」（調査期間 2008年11〜12月／交流協会）

なかったことが要因だ。「言論の自由」を手に入れた台湾人は、自由に「日本」に触れ、学べるようになったことが大きく影響している。

さらに、２００９年４月に交流協会が発表した「台湾における対日世論調査（調査期間：前年11月〜12月）」でも、李登輝・陳水扁政権時代に教育を受けた青年層が「最も親日的」との結果が出ている。調査結果は上のグラフにまとめてあるので、参照していただきたい。

このデータからでは「台湾は親日的だ」といえる。日本に対するイメージから判断できるように、台湾が日本に好感をもっているのは、それが決して戦前の日本統治時代だけに対する評価ではなく戦後の民主的で平和的な日本への羨望と親近感だということだ。「日本語世代」が減少するのに伴い、日本へのイメージも少なからず変わっていくことだろう。

大衆消費文化の最先端を行っている日本のことを「よく洗練され、かっこいい」と感じ、好意的に思う現象は台湾にのみ存在しているわけではない。タイ、マレーシア、インドネシア、オーストラリアをはじめアジア諸国にも広がりつつある。このような波はこちらの押し付けではなく、彼らが自発的に選択した結果なのだ。

それでも、現在の台湾のマスコミや教育を支配する勢力の90％前後は外省人である。その現実を鑑みると、今後も「台湾は親日的だ」とは断言できない。反日を政権安定のテコとして使われることがあり得るからである。

現在の教科書では日本時代をあまりにも称賛し過ぎているので、改善しようと修正する動きがでている。一方へ偏れば、反動でもう一方へ偏る可能性も、ゼロとは言い切れないのだ。

「サービス貿易協定」に反対する学生デモが立法院議場内を占拠

2014年3月17日に、台湾で「サービス貿易協定」の批准を巡り、300名以上の学生デモ参加者が立法院を占拠する事態が発生した。

　これは台湾憲政史上初めてのことで、日本の新聞、テレビでも大きく取り上げられた。

　私も、馬政権が中国に対する融和政策を取っていることは知っていたが、「サービス貿易協定」の詳細については、知らなかった。

　報道の中で、学生デモリーダー・林飛帆《りんひはん》は、「サービス貿易協定の審議過程が民主的でない」と、また美容師であるという参加者は「大陸の美容院が低価格で進出してきたら、台湾の業界はたちまち倒産してしまう」と訴えていた。

　この「サービス貿易協定」は、2013年に上海にて中国と台湾の間で調印締結されたECFA（両岸経済協力枠組協議）に基づいて推進されたもので、これによってサービス貿易の業務の制度化を図り、中国側が金融や医療など80分野を、台湾側が運輸や美容などの64分野を開放する協定だ。

　江さんにこの一件について意見を聞いてみた。彼はいたって冷静に、「立法院占拠とは、そこまでやってしまうんですかという思いです」と答えた。聞くところによると、このデモ学生には台湾独立派が多いそうだ。こうした行動の背景には民進党など独立派の勢力が潜んでいることはほぼ間違いないということだが、立法院占拠後の初めての週末のデモ参加者は、独立派

台湾立法院の議場を占拠する学生たち（写真提供：共同通信社）

だけではなかった。

やはり審議のやり方に問題があることは否めない。他にやり方はあったのでは、と思う人々が党派を問わず参加したのだという。


台湾人にとって台湾独立は長年の願いであるが、それを主張すると中国および米国との緊張関係に繋がってしまう。かつて、ブッシュ政権が台湾独立を目指す陳水扁政権に「ノー」を突き付けたことが思い起こされる。

この背景を承知している江さんは、「もう少し冷静に行動するべきだ」と、無条件で独立派の学生運動を支持しているわけではなかった。

彼は「台湾には、立法院に総統を罷免する権限があるんです。この手段に訴えれば良い」と言った。おそらく彼の脳裏には、陳水扁総統が２００６年に、親族の公金横領で野党から罷免決議を出され苦境に立ったことが浮かんでいたのだろう。罷免できるかどうかのハードルは高いが、民主主義の成熟度を証明できる理想的手段だ。

このサービス貿易協定についてもう少し詳しく説明すると、この協定は台湾側にとってあまりメリットがあるとはいえないものである。相互に開放するという話ではあるが、台湾が中国に進出できる領域は中国全土ではなく、福建省のみに限られるのだ。通信分野のことを例に挙げれば、台湾側は一般のインターネット通信を全面的に中国側に開放しなければならないのに、中国が台湾のネット販売業者に拠点を認可するのは福建省だけということだ。

また、中国人が一定の金額を払えば簡単に台湾に移住することが可能となり、ビザ更新も無制限に行える。そうなれば、台湾は「中国人の波」に飲み込まれてしまうのだ。

その点について江さんも不安げな表情を浮かべている。結局この協定は、中国側だけにメリットのある不平等条約ではないかと学生や市民は激怒しているのだ。

馬政権は、この協定を「秘密交渉」として進め、交渉妥結後、馬総統が署名してから国民に公開してしまったので大変なことになっているのである。馬政権は民主主義の手続きを無視したというわけだ。

立法院占拠の打開策として、立法院の王金平院長は学生の要求に応じ「両岸協議監督条例」が法制化されるまで、サービス貿易協定の審議を行わないと約束した。学生側にも議場から撤退するよう呼び掛け、学生側も「この段階での任務を達成した」として立法院から退去した。

監督条例の成立が優先されるならサービス貿易協定の発効は大幅に遅れる可能性があり、一連の対中融和策のスケジュールがずれ込むことになるだろう。

馬政権の行く末

2008年3月、台湾独立を掲げる民進党に代わって、国民党の馬英九が総統選に勝利した。これにともない、いくつかの制度が変更されたが、一個人としてその恩恵を受けたことといえば、中国大陸便をもつ日本航空や全日空が台湾に飛ぶようになったことだ。

馬英九が親日的だから従来の日台航空路線が復活したというわけではなく、将来中国との統合も視野に入れる国民党が与党になったことで、中国政府が従来の強硬路線をやわらげる方向に政策転換したのである。

台湾を訪ねたときに同行してくれた後藤さんに「この利便性をもたらしてくれたのは、他ならぬ中国政府だ。いや馬英九総統だな」などと軽口を言うと、彼は「いや、両方かな」と背景を知っているような口ぶりで答えた。彼は台湾訪問にあたって、役所の台湾文化講座で台湾人の講師から学んだと言っていたから、そこで何か聞いたのかもしれない。

台湾から帰国して、改めてそのときの話を聞いてみることにした。

講座の講師をしていた台湾人の侯さんは、台南出身で、外務省に勤める日本人の旦那さんがいるそうだ。結婚にあたって日本に帰化し、現在は台湾のテレビ局から日本に駐在して記者として働いているという。

「侯さんは、馬総統の評判について何か言っていた？」と単刀直入に切り出してみた。すると、「台湾の特に南部では、あまり馬英九の人気はないようだね」と返ってきた。

後藤さん自身にも、馬総統は親中派だろうかと質問したが、彼は「講座で聞いた限りはそのようだ」程度の返答で、政治的な話はあまり深追いしたくなさそうな雰囲気だった。私は講座での話に戻し「聯合号《れんごう》事件」についての話はなかったかと聞いてみることにした。

この事件は、馬政権が発足してから3週間後に起きた、尖閣諸島の南南東約9キロメートルの東シナ海で、日本の海上保安庁の巡視船「こしき」と台湾の遊漁船「聯合号」が衝突し、1時間後に沈没した事件だ。

事故直後の海上保安庁の対応に、台湾側は劉行政院長が日本と一戦も辞さないと言明して反発する姿勢を見せた。そのときは、福田康夫首相（当時）が「日台は本来良い関係。冷静に対応するよう」との声明をだし、海上保安庁が改めて謝罪した。台湾側も馬総統が福田談話に呼応して「尖閣問題が台湾と日本の友好関係に影響をあたえるべきではない」との談話を表明し、この件はひとまず解決した。

ただ、解決までには台湾では日本に抗議するデモが行われたり、中国からも抗議声明が送られたりした。この件に関して講座では「馬総統は反日的で、かつ強硬的だった」との見解が述べられたそうである。

この事件以降、馬総統は、親日的とも対日的ともとれる政策を次から次へと繰り出した。民進党政権時代の日本事務会を廃止する一方で、亜東関係協会会長に李登輝元総統の側近を登用した。また、江国民党副主席に知日派の議員を率いて訪日させ、「馬総統は反日ではなく、急激な対中傾斜を目指してはいない。馬政権の3つのスローガン〝統一せず、独立せず、武力行使せず〟は中国との和解が統一へと直結するわけではない」ことを説明させた。

それに加えて、馬総統は「台日特別パートナーシップ構想」による対日関係強化を図る方針を打ち出した。要点は4つで、「経済及び文化の世界で日本との関係を更に発展させたい」「中台和解が日台関係の発展において有益であるとの理解を求めたい」「尖閣諸島の主権問題よりも優先的に漁業権交渉などの対話を進めたい」「投資保護協定やワーキングホリデーに関する協定を通じて、双方の交流を発展させたい」というものだった。

こうした親日とも対日ともいえる行動をとり、態度を頻繁に変える馬政権を、台湾人はどう見ているのだろうか？

馬政権の支持率は、2010年初頭で30％と発表された。選挙で得票率58％という数字を出していたことを考えると、支持率は下降の一途を辿っている。

その理由について、講師の侯さんは次の3つを挙げた。1つ目は、中国への過度な依頼と期待をしていること、2つ目は、台湾人への理解を持とうとしないこと、3つ目は、中国以外の、アメリカや日本への働きかけがたりないこと。さらに、両岸経済協力枠組協定（ECFA）の内容が台湾島内では一切知らされていないことも信頼を失う行為である。

当時は馬政権が発足してまだ2年という段階だった。台湾の任期は1期4年なので、折り返し地点に入り、そろそろ次の選挙を意識しなければならない時がきていた。

そんな折、2011年5月8日に行われた八田與一記念園区《パーク》の開園式は馬政権にとって好機であった。その日は内省人に慕われる八田の命日でもあったので、その場に参加することは馬総統にとっては絶好の票田稼ぎとなる。

結果、馬総統は再選を果たし、現在はすでに2期目の後半に入っている。

留学生の江さんにも馬政権の印象について聞いてみた。江さんは「私はもう7年も海外にいるので、国内情勢はよくわからない」と前置きをして、彼の考えを語ってくれた。

「中国との経済的な交流を避けられないのは世界の趨勢《すうせい》です。そのため馬総統は中国との関係改善に色々努力していますが、それがやり過ぎではないかという批判も聞こえます。

というのも、馬総統は国民党出身なので、共産党の言いなりになっているのはさすがにまずいのではないかと思うのです。国民党が中国寄りになるのを別に反対はしていませんが、寄りすぎだと不安を感じますね」と、このような意見だった。

台湾の機関による世論調査（2014年2月実施）では、中台の統一に向かうことに反対する回答が64％と、統一に賛成する回答の19・5％を上回った。危ない橋を渡っている馬総統の支持率も10％前後にまで低下した。さらに、王金平立法院長の国民党籍剥奪を巡る騒動の影響で、支持率をさらに一段と下げ、２０１４年7月にはとうとう支持率が2桁を切ってしまった。

馬総統は、今度は「抗日戦争記念館」[*15]と「慰安婦歴史展示館」の建設に意欲を示し、「反日」で支持率回復にチャレンジしようとしている。その場で次から次へと変身する優柔不断の政治家であるが、「君子は豹変す」を体現している台湾の総統として今後どのように変わっていくのか。馬総統の任期はもう1年弱しか残っていない。

台湾でいつも「親日派」が政権を握るという絶対の保証はない。選ばれた総統が反日的だったり、香港や中国と組み、尖閣諸島をめぐって反日言論がまかり通ることだってあり得るだろう。

＊15：日中戦争の中国側の呼び方。

台湾人の習慣と性格を知ろう

東日本大震災に際し、台湾からの義援金が世界最多だったことについての、江さんの言葉が印象深く残っている。

「台湾のことに興味を持ち始めてくれる、良いきっかけになればよいです」と。

私も、台湾だけが日本に親しみを感じるのではなく、日本も台湾に親しみを感じるようにならなければならないと思う。そのためには、まず、相手をもっと知ることである。

台湾高速鉄道の切符の日付が違っていたトラブルについて前章で記したが、台湾駐在時代の記憶を辿ってみれば、当時も同じような体験をしていたのを思い出した。

当時もずいぶん戸惑ったが、「台湾人は事前予約をする習慣がない」と知っていれば、相手を責める気持ちも出ないものだ。台湾駐在時代は、そのような台湾人の習慣や性格を知る良い機会であった。

例えば、「事前予約をしない」習慣につながるが、彼らにとって「予定は未定」であり、どこかを訪問する時、事前にアポイントをとらないのだ。

私も駐在時におそるおそる、顧客を訪問する時に一切予約をせずこちらの都合のいい時間に伺ってみたが、台湾系の会社の董事長《くんじちょう》（日本でいう社長に近い役職）などは満面の笑みを浮かべ「いやよく来てくれたね！」と両手で握手を求めてくる。日系会社の董事長も台湾駐在期間が長くなると、台湾人董事長とほぼ同様に我々を迎えてくれた。

留学生の江さんに、現在でもそのような習慣はあるのか聞いてみたが、さすがに今は少しずつアポを取るように変わりつつあるそうだ。しかし、仕事以外の場面だと時間に対する概念はやはりそう厳しくないようで、例えば、台湾の結婚披露宴はその典型的なものだという。

他に仕事に関してだと、台湾ではわりと広く副業が認められているようだ。営業所内の経理業務の萬小姐が、勤務時間中に「イギリスのエンサイクロペディアを買ってくれませんでしょうか？」と頼むのである。驚いてしまったので、返事を翌日まで待ってもらい、内省人責任者の劉さんに「台湾では勤務時間中に副業をしていいの？」と聞いたところ、沈黙されてしまった。肯定も否定もできないということだろうか。

ちなみに、劉さんはとにかく日本製やヨーロッパ製、アメリカ製などを買いたくなるという人で、中国製は「安かろう、危なかろう、悪かろう」のイメージがあるので、関心がないそうだ。たしかに、台湾の店でも中国製を使っていないと売り文句にしている店があったので、劉さんのような考え方の台湾人は他にもいるのだろう。

台湾人の性格がわかるエピソードで、駐在時代に次のようなことがあった。

1982年8月のある日、劉さんと私が一緒に高雄のホテルで顧客と打ち合わせをしていると、何やら外が騒々しい。窓越しに外を見ると「日本！　教科書改悪反対！」「日本軍国主義反対」

などのプラカードを掲げたデモ行進が行われていた。朝日新聞が「文部省検定で侵略を進出に書き改めさせられた」と報道したことで、中華民国国民党が反応し、多くの外省人を動員して反日デモを指揮したのだ（その報道は誤報であったと後日判明した）。

顧客との打ち合わせも終わり、そのデモをじっと見ていた劉さんに「日本軍が台湾で悪いことをしましたか？」と聞くと、少し黙っていた。しばらくして「私は田代さんより5歳若いですから、直接被害を受けたわけではありません。でも自分の父は『人前で怒鳴り散らす』日本人をよく見ていたようです」と言った。私は少し胸が痛んだ。

だが、劉さんは「そんなこともう済んだことです」と屈託のない笑顔で反応した。

劉さんをはじめとして、高雄の人々は確かに過去にこだわらない性格を持っている。何事においてもそうだ。公私を問わず、過去の大切な資料だろうと時系列にきちんと保管する習慣を持っていない。また、権力にもこだわらない性格なので、台湾社会の上下関係は一般的に、家族内の上下関係を除いて厳格ではない。どちらかというと、フラットな関係だ。権限を持っている人は誰だと聞いて上下関係を意識している中国人とは対照的である。

ただ、台湾人が非常におだて上手であることは間違いない。

この過去にこだわらない性格は、マレー系の民族に由来するといわれている。種族的には、台湾人のほとんどは、平埔《へいほ》族の子孫か、あるいは平埔族と中国福建省などからの漢人移民との混血の子孫と見られている。平埔族とは、かつて台湾西部一帯に広く住んでいたマレー・ポリネシア系平地先住民の総称であるが、明代以降、特に1624年にオランダが台南付近の安平に上陸後、オランダが漢人を労働力として移入させてから漢人との通婚や漢化が進んだのだ。したがって、台湾では「中国人の祖父はいても、中国人の祖母はいない」と言われるほど、ほとんどの台湾人が漢人男性と平埔族女性の子孫ということになる。

マレー系平埔族の多くは母系社会で女性が強く、また階級差のないフラットな社会構造だったと言われるため、現在の内省人はそのＤＮＡを引き継いでいるのだろう。

だから、彼らと接するときは、何事もプラス思考でいった方がよい。仕事上でアドバイスをするときでも「これをしたら悪くなる」と言うのでなく、「これをした方が良くなる」といった方が素直に聞いてもらえる。

だが、日本人にも時に見られることであるが、個人の誇りやメンツを保つ意識が強いので、失敗しても謝らないことがある。あまり、問い詰めないようにするのが賢明だろう。

台湾少年工が見た台湾と日本

私は2015年1月のある日、神奈川県大和市に「高座《こうざ》日台交流の会」の会長を務めている石川公弘さんを訪ねた。日本統治時代に日本人として働いた台湾少年工たちが、日本に対して何を感じ何を思っていたか、その真実を知りたかったのだ。

台湾少年工とは、戦時中の工場での労働力不足を補うため募集された、台湾の少年たちである。飛行機を製造する工場で働きながら勉強すれば、旧制中学校の卒業資格と、将来的に技師になる道を与えられるというので、台湾の少年たちにとっては魅力的な仕事であった。台湾全島に告知され、選抜試験で選ばれたのは13歳から20歳までの約8400人だった。

彼らは、1943年5月から1944年5月にかけて来日し、神奈川県旧高座郡にあった「高座海軍工廠《こうしょう》」で戦闘機「雷電」の製造や整備に従事した。

寄宿舎は大和町上草柳《かみそうやぎ》（現在の大和市）にあったので、大和市は彼らの「第二の故郷」なのだという。「高座日台交流の会」会長である石川さんの父は、当時この寄宿舎で舎監を務めていたのだ。当時9歳くらいだった石川さんは、朝と夕方、大きな声で軍歌を歌いながら行進していた台湾少年工を覚えているそうだ。

南国から来た少年工たちにとって日本の冬の寒さは耐え難いものだったが、皆熱心に働き、全国各地で引っ張りだこだった。しかし、1945年に終戦を迎え、資格を取るという志半ばで台湾へ引き揚げざるを得なかった。

そうして彼らが台湾に戻った後でも、日本との交流を続けたい、あるいは引き揚げた少年工たちとまた交流したいという人々で構成されるのが、「高座日台交流の会」である。毎年春は大和市、秋は台湾で集まっているそうだ。

日本統治時代の台湾と、戦時中の日本本土、そして戦後の国民党政権下の台湾、このすべてを知る台湾少年工たちは、それぞれの時代をどのように見ていたのだろう。

会長の石川さんは、元少年工たちとの親交を深めており、多くの体験談を聞いてこられた方である。そこで、石川さんからある3人の少年工の話を伺った。彼らは、李雪峰《りせっぽう》さん、宋定國《そうていこく》さん、そして黄茂己《こうもき》さんという。

李雪峰さんは、現在台湾高座会会長を務めておられ、平成25年春の叙勲受賞者でもある。彼は、戦時中に少年工として高座海軍工廠や名古屋の三菱重工、川西航空機鳴尾製作所などで働き、高座の工場で終戦を迎えた。

軍は解体され、８４００人の台湾少年工だけがその地に残された。目標も将来の希望も失った彼らは、牛や野菜を盗むなどの行為に及び、一時は秩序が崩壊していた。

しかし、このままではどうにもならない。李さんは石川舎監に後押しされ、自治組織をつくることを決意する。そうして、国や県との交渉の末に、退職金と帰国までの小遣い金を給付してもらうことが決定し、全員が整然と台湾に帰っていった。

少年工の中には、貴重な青春時代を無駄にされた日本政府に賠償金を請求せよという意見の者もいたが、李さんは、日本に対してそのようなことはできないと断固拒否したという。自らが体得した「日本精神」に反すると考えたからだ。

宋定國さんは、高座海軍工廠で厳しい整備訓練を受けたそうだが、「生涯を通じて、あれほど厳しく鍛えられたことはない。全てのことが私を変えてくれた」と話している。彼の印象に残っているのは、敗戦の後の軍人の姿だという。中隊長は隊員の活動をねぎらい、感謝の言葉を述べた。軍が去った後の兵舎はきちんと整理整頓され、掃き清められて塵ひとつ落ちていなかったそうだ。そのとき「この国は必ず復興する」と確信したという。

黄茂己さんもまた、高座の工場で終戦を迎えた。上司に「日本に残りたい」と告げても、「故郷に親がいるのなら帰れ」と諌められた。悩んだ末に台湾に帰ることを決断したが、「台湾に帰っても、俺はあくまで日本人だ。俺の祖国は日本だ」という想いを捨てることはなかったそうだ。台湾はどう変わるのか。中華民国は、父親から聞いていたような乱れた社会を、再び台湾に持ち込むのだろうか。この黄さんの懸念は、１９４６年2月10日、黄さんたちを乗せた帰還船「米山丸」が基隆港に着いたときに現実のものとなった。そこには、規律正しい日本の軍隊とは正反対の、乱れた服装の国民党の兵隊がうろついていた。

台湾に戻った少年工たちは、高座の名にちなみ「台湾高座会」という同窓会組織をつくったものの、時は戒厳令下である。表立って集会を開くことはできなかったが、戦後約20年ほど経った頃に、日本で「戦没台湾少年の慰霊碑」が元海軍技師によって建てられたという知らせが伝わってきた。「日本はまだわれわれを忘れていない」と、彼らは喜んだ。

時は流れ、１９８７年に戒厳令が解除されると、その翌年に李雪峰さんが正式に台湾高座会会長に選出された。こうして、彼らは堂々と「第二の故郷」との交流を深められるようになったのである。

それ以来、節目の年には高座日台交流の会が主催となって大きな催しを行っている。2013年5月には「台湾高座会留日70周年歓迎大会」が開催された。森元首相も参列し、また、当日は体調不良で残念ながら欠席されたが、李登輝元総統も会場で講演していただく予定だった。

台湾少年工たちは、今や最も若い人でも傘寿を過ぎており、もうこの先何度も会を開くのは年齢的にも厳しくなってきている。彼らにとってこの会は、ただ過去を懐かしむのではなく日本と台湾の未来を拓くものであるべきという認識なのだ。

彼らは、時々日本でも当時の状況について講演を依頼されることがあり、「騙されて連れてこられ、過酷な労働を強いられた」という話を期待される場合もあるという。しかし、彼らが口をそろえて言うのは、「私たちは勉強したいという自発的な思いで日本に行った。日本で一番つらかったのは寒さで、確かに労働は大変だったが高座時代の苦労に恨みはありません」というものだ。

彼らに対し、「騙されて連れて来られ、何も得ることがなく放り出された、日本帝国主義の哀れな犠牲者」というレッテルを貼るのは著しく礼を欠いた行為ではないだろうか。ただ、「やはり二度と戦争は起こしてはならない」というのが、彼らにもわれわれにも共通する強い願いである。

日台双方向の民間交流武術

日本と台湾には国交がないけれども、それによって反対に民間の交流が深まり、その絆は強くなっている。

民間交流の先駆けとなったのが、1986年に調印された「秋田県の田沢湖」と「高雄の澄清湖」との姉妹湖縁結びの提携である。当時は、日本の新聞も中国に諂《へつら》っていた時代であり、勇気ある提携だったと言えよう。この提携について秋田県が田沢湖町に対し、国の意向に反するとして圧力を掛けてきた。しかし、地元の人々はこれは民間が行うことだとして、県の圧力をはねのけた。それ以後、日本側の自治体が台湾の多くの自治体と姉妹関係や教育観光協定などを結んでいる。

その他に、県議会同士の友好交流協定や、神社と廟、数多くの団体同士の提携などが生まれている。そのうちの1つに、武術の交流がある。

台湾人留学生の江さんは、来日前から台湾の道場で居合と合気道をやっていて、来日後でもこちらの居合道場に通っている。また大学の合気道会に所属し、先生のもとで稽古に励んでいる。

江さんいわく、台湾で多く見られる日本の武術は剣道、柔道だという。合気道も少しずつ流行ってきてはいるが、すべての大学にサークルができるほどではなく、居合もまた、日本刀を持つことが台湾の「槍砲弾薬刀械管制条例」の規制対象なので、広げるには限界があるそうだ。台湾での合気道の歴史はまだ浅く、導入されたのは1980年代である。90年代後半にはそれもいくつかの派閥ができあがり、教える内容も少しずつ異なるという。

そういう背景もあり、直接日本合気会本部の師範から技を教わるのは、台湾で合気道をやっている人々の夢なのだが、今のところ民間としての交流は多くないというのが現状だそうだ。

そんな中で、個人的に台湾で4年間、合気道の技術指導をしていたという坂西昇一さんを江さんに紹介していただいた。坂西さんは、社命により台湾に単身赴任をすることになり、休みの日には毎週道場に通っていた。

「初めて訪れた道場で、『日本で合気道をしていました、一緒に稽古をさせてください』と礼をもって挨拶するだけで、十数人の友人ができましたよ」と話してくれた。元々、台湾の人たちが外国人に対してオープンな性格であることに加えて、同じ合気道を志す者同士ということで、言葉は通じないにもかかわらず、心の垣根はほとんどない状態だったそうだ。

武術を趣味にしている日本人が台湾の道場に入門するだけでも、日台交流を促進する第一歩になる。坂西さんの話を伺ってそのように思った次第である。

台湾の法的地位を理解しよう。そして日本版「台湾関係法」を

アメリカも日本も、「台湾が中国の領土の不可分の一部であること」は認めていない。それでは台湾の法的地位はどうなっているのだろうか、改めて整理しておきたい。

台湾の帰属について、１９４３年に発表されたカイロ宣言がある。そこに「日本は台湾及び澎湖諸島を中華民国に返還すること」と書かれているのだ。

しかし、このカイロ宣言には問題がある。それが、有効性に疑問がある点だ。会談に出席したチャーチル、ルーズベルト、蒋介石の3人の署名も日付もなく、事後に国の批准もない。陳水扁元総統は、「これは単なる声明にすぎない」という考えを表明している。

そんなカイロ宣言の方針を継承したのが、敗戦時の日本が受諾したポツダム宣言なのだが、この宣言についても署名したのはトルーマンだけで、チャーチルは選挙で敗退、アメリカが支援していた蒋介石はポツダムに来ていなかった。蒋介石には無線で話しただけであるため、こちらもカイロ宣言と同様に、有効性に疑問が残る。

中国が「台湾は中国の領土の不可分の一部である」と主張しているが、カイロ宣言にしろポツダム宣言にしろ、どちらも根拠として心許ないのだ。

確かに、その直後の1945年8月29日に重慶にいた蒋介石は、カイロ会談で返還されることになった「台湾」に先遣隊を派遣することを決め、陳儀を行政長官に任命していた。しかし、この中華民国による「台湾」の占領は、あくまでも終戦後の暫定的な措置にすぎないという見解なのである。

台湾は、中国のものではないとすれば、どこに帰属するのか。1951年にサンフランシスコ平和条約で日本が台湾の主権を放棄したことで、これ以来、台湾の国際的地位は未定となった。そのうえ、翌年に締結された日本と中華民国との日華平和条約でも、放棄された台湾の主権がどこに移ったか明確な記述はない。このような過程を経て、台湾の法的地位問題が生じてしまった。

この件について、当時の各国はどのような反応だっただろうか。

その後イギリスのチャーチル首相は、1955年に国会答弁で「カイロ宣言に基づいて中国が台湾に対する主権を有することには同意できない」と台湾を中国に引き渡すことに反対していた。日本の池田首相も1964年に国会で「台湾は法律的には中華民国のものではない」と述べ、中華民国の台湾に対する領土の所有権が未確定であることを強調している。

したがって、国際法的には台湾は、中華人民共和国の領土でも中華民国の領土でもないことになる。現在、中華民国が台湾を占領しているが、台湾に対する主権を主張することは本来できないのだ。

アメリカがこれについてどのように考えているのか。2007年に台湾であるニュースが報道された。国連事務局が突然、「台湾は中華人民共和国の一部である」と言い出したのである。これは、中国の圧力に屈した国連事務局の暴走であった。

アメリカ政府はこれに対して、「台湾は中華人民共和国の一部ではない」と正式な抗議文書を送った。これには、日本もカナダも賛成した。

だがその直後、アメリカ国家安全保障会議（NSC）のデニス・ワイルダー（アジア上席部長）は記者会見を開き、なんと「台湾も中華民国も国ではない」と述べたのだ。つまり、台湾はアメリカの保護下にあるということになる。

このような特殊な状況に加えて、忍び寄る中国の脅威も払拭されていない。台湾は人々が安心して眠れる国ではないのだ。

台湾には、内省人、外省人を問わず、子どもをアメリカで勉強させたり、1年のうち数ヶ月はアメリカで過ごすという家庭が少なくない。内省人劉さんも、息子さんがニューヨークで医者になったというし、周維新脳外科院長の次男もアメリカで医院を開業していた。

劉さんに「万が一の時に備えて、移住の地をもっているということですか？」と聞くと、「そうです。台湾が危ないときは、息子も孫もみんな一緒にニューヨークに行くんです」と笑って答えていた。馬英九総統もグリーンカードを持っているという噂がある。

ところで、台湾独立派であったはずの民進党は、党の綱領から「台湾独立」を削除したそうだ。陳水扁が台湾独立への準備を急いだことで、アメリカのブッシュ大統領に嫌われ、アメリカが独立を望んでいないことが判明したからだという。

アメリカが台湾に望むことは「現状維持」である。台湾の現状維持に異変が生じた場合には、アメリカは台湾関係法で台湾を絶対的に守ることになっているのだ。

アメリカは日本より7年遅れて米中国交を回復したことで台湾との断交を余儀なくされたが、それで台湾を見捨てたわけではなかった。「米華相互防衛条約」を破棄した代わりに、アメリカ連邦議会が国内法である「台湾関係法」を制定し、政権に台湾を防衛することを義務付け、公的なものとしたのだ。これによって、１９７９年以前の台湾との全ての条約、外交上の協定を維持することになった。

アメリカは台湾を諸外国の国家または政府と同様に扱うことを認め、防衛に必要な武器の提供をするだけでなく、経済的にもアメリカの市場を開放してきた。ただし、台湾は台湾のままであるべきという考えなのである。

アメリカも台湾との正式な国交があるわけではない。ただ日本と少し違うのは、民間の領事館ではあるが、そこに両国の名前が入っている点だろう。日台間の領事関係となると、そこに日台いずれの国名も入っていないことはすでに述べたとおりである。まるで都市同士の代表事務所のような扱いなのだ。

けれども、全てアメリカと同じである必要はないだろう。現に、これが結果的に日台間の民間同士の交流を促進する大きな起爆剤になって盛んな交流ができているのである。

この民間同士の交流が始まる以前からも、アニメや漫画といった日本文化を通じて日本に親しみを抱く若い世代の台湾人が大勢いる。その交流があってこそ、世界最多の義援金をいただくという数字としての結果が表れたのだろうし、「日本と台湾の絆は、言葉だけで説明し切れないものがある」といった言葉をかけてもらえるのだろう。

我々は、多くの台湾人が寄せる、この日本に対する熱い思いに応えなければならない。日台間に公的な関係が一切ないからといって、日本は台湾の安全をアメリカだけに委ねてよいのだろうか？

アメリカが「台湾関係法」を国内法として制定してからすでに35年が過ぎ、台湾を諸外国の国家と同様に扱うことを認めてきた。日本の国会も一日も早く、日本版「台湾関係法」を制定すべきである。それが、「台湾人が安心して眠れる国づくり」の一助になり、台湾からの義援金に対する日本政府の恩返しにもなる。

われわれ民間人も、台湾への旅行や赴任の折には、自分の趣味を通じて台湾人との交流によって親台観を育んでいくことが、双方向の日台友好になると確信している。

おわりに

「台湾はひとつの国家」と認識していた読者の方もいたかもしれないが、すでに述べたように「台湾は国家ではないし、そこに乗っかっている国民党政権による中華民国も国家でない」のである。台湾は、中華民国にも属していないし、中華人民共和国にも属していない。したがって、台湾のことは台湾島民が決定すべきなのだ。しかし、いまだに国民党政権下で苦難を強いられている。

だが、台湾島民にとって一発の銃声もなく奇跡としか言いようがないことが起こった。蔣経国の死により、李登輝副総統が総統に昇格したことだ。

クリスチャンである李登輝は総統時代に、「台湾人に生まれた悲哀」を旧約聖書の『出エジプト記』にたとえている。これは、モーゼが虐げられていたユダヤ人を率いてエジプトから脱出する物語が中心に描かれているものである。モーゼが出発したように、「台湾もすでに出発した。新しい時代に入った」と語った。

それ以来、1992年には刑法の改正が行われ、言論の自由が認められた。そして、二二八事件について語ることも公に認められた。台湾には本格的な民主化時代が到来した。

けれども、台湾の独立国家への道は、まだはじめの一歩を踏み出したに過ぎない。李登輝元総統も陳水扁前総統も、台湾の建国運動に必要な「正名」と「憲法制定」を実現するには、現在の中華民国体制のもとでは不可能だと考え、国民の投票で実現しようと公民投票の必要を訴えてきた。そして、公民投票法案が国会で成立した。

しかしながら、陳総統が再選を果たすと、ブッシュ政権は陳政権に不信感を深め、これを機に台湾の独立運動はしぼんでしまった。

台湾島民が独立したければ、独立すれば良いではないかということになるが、独立運動に走るとアメリカの「現状維持」という圧力で鎮静化されてしまう。中国との摩擦が激しくなるからだ。

台湾島民が希求することは、中華民国の憲法を修正し、民主改革を全て完遂することであり、最終的に、総統選挙を民選で直接やることだ。

これが実現するのは、いったいいつになるか分からないが、そのときが、台湾が国家になる瞬間である。そして、国家でないがための台湾島民の悲哀が消え去り、台湾人が安心して眠れる国づくりが完成するときである。それまではまだ、苦難の道が続くであろう。

しかし、台湾人は根っから明るい性格だから、決して苦しみも悲哀も表にあらわさない。そのような台湾人の心を癒してきたものがあるとすれば、それはアニメやマンガをはじめとする平和な日本の文化ではないだろうか。台湾人が平和な日本に心を寄せて、親しみを抱いているのだ。

日本と台湾には「断つに忍びない結びつき」があることは間違いない。その「日本と台湾の絆」とは何であろうか？　それを辿れば、日本精神に行きつくのである。

台湾の政治活動家であった黄昭堂氏は「戦後、台湾人が親日的傾向に転じたのは、かつて自分たちが教えを受けた国民学校をはじめとする各級学校の教師への敬愛の念がそうさせた」と言っている。

現在の日本では、教師をはじめ、日本精神を宿している人に出会うことは残念ながらそう多くはないと感じる。けれども、元台湾少年工をはじめとして、日本精神を継承し、そして日本人に感謝し、交流をもっと深めたいと来日する台湾人は大勢いる。体験談を聞くと、ほとんどの方が彼らの教師など日本人に敬愛の念を抱いていることがわかる。

彼らは台湾にいては機会あるごとに、子どもたちに、孫たちに、そして地域社会に日本精神を伝えている。また、ありがたいことに日本に来ては、日本精神を忘れかけている日本人に灯をともしてくれている。彼らも親日の種をまいてくれたのだ。

つまり、かつて日本統治時代に、当時の日本人が台湾人に日本精神をもって接したことが、台湾人が日本に親しみを抱いた源流となっている。その流れを絶やすことなく受け継いでいかなければならない。

最後に、本書出版に備え、高校・大学時代の友人である後藤進氏とともに、取材を兼ね2回にわたって台湾を旅行した。後藤さんと、彼に講座で台湾のことを教えてくださった講師の侯さん、そして、台湾で同行していただいた昔の会社の仲間である劉さんからも貴重なお話を聞かせて頂いた。感謝申し上げます。

また、「高座日台交流の会」の石川公弘会長、橋本理吉事務局長には、ご多忙のところ取材に応じていただき、その上、貴重な本や資料まで頂戴しまして、感謝しています。また、前野陽一君には、台湾からの留学生・江永博さんを紹介いただき、さらに江さんから合気道の坂西昇一先生を紹介していただき、それぞれ、貴重なご意見をいただきました。誠にありがとうございました。ここに改めて御礼申し上げます。

最後に、編集にあたっては、本井敏弘編集長より、読者が読みやすいように時宜を得たアドバイスを頂き、ご指導いただきました。また、編集部の栩兼紗代さんには、記述内容の入念なチェックに加え、写真資料の提供についてご尽力いただきました。

ここに厚く御礼申し上げます。

平成27年4月吉日

田代 正廣

【参考文献】

『歴史と風土』（司馬遼太郎／文藝春秋）
『アジアの中の日本』（司馬遼太郎／文藝春秋）
『中国王朝四〇〇〇年史』（渡邉義浩監修／新人物往来社）
『ワイド版　街道をゆく40　台湾紀行』（司馬遼太郎／朝日新聞社）
『「明治」という国家』（司馬遼太郎／日本放送出版協会）
『台湾は中国の領土になったことは一度もない』（黄文雄／海竜社）
『台湾に生きている「日本」』（片倉佳史／祥伝社）
「歴史街道2011年03月号」（PHP研究所）
『誇りあれ、日本よ―李登輝・沖縄訪問全記録』（日本李登輝友の会編／まどか出版）
『日台の「心と心の絆」　素晴らしき日本人へ』（李登輝／宝島社）
『安場保和伝1835‐99―豪傑・無私の政治家』（安場保吉編／藤原書店）
『経世家・後藤新平―その生涯と業績を語る』（越澤明ほか／財団法人東京市政調査会）
『〈決定版〉正伝・後藤新平1・2・3』（鶴見祐輔／藤原書店）
『後藤新平―外交とヴィジョン』（北岡伸一／中央公論社）
『後藤新平　日本の羅針盤となった男』（山岡淳一郎／草思社）
『横井小楠―維新の青写真を描いた男』（徳永洋／新潮社）
『シュリーマン旅行記　清国・日本』（ハインリッヒ・シュリーマン著、石井和子訳／講談社）

『現代日本土木史』（高橋裕／彰国社）
『台湾人には、ご用心！』（酒井亨／三五館）
『台湾総督府』（黄昭堂／教育社）
『二つの祖国を生きた台湾少年工』（石川公弘／並木書房）
『ヒーターに生きた男』（蓑田賢一／中日電熱株式会社）
『「武士道」解題─ノーブレス・オブリージュとは』（李登輝／小学館）
『この厄介な国、中国』（岡田英弘／ワック）
『明治精神史〈上〉〈下〉』（色川大吉／岩波書店）
『明治精神の構造』（松本三之介／岩波書店）
『中華思想と現代中国』（横山宏章／集英社）
『「親日」台湾の幻想』（酒井亨／扶桑社）
『台湾─四百年の歴史と展望』（伊藤潔／中央公論社）
『韓国人の「反日」台湾人の「親日」─朝鮮総督府と台湾総督府』（黄文雄／光文社）
『日本と台湾』（加瀬英明／祥伝社）
『これが中国人だ！』（佐久協／祥伝社）
『武士道』（新渡戸稲造著、奈良本辰也 訳／三笠書房）
『儒教の毒』（村松暎／ＰＨＰ研究所）
『南進台湾史攷』（井手季和太／誠美書閣）

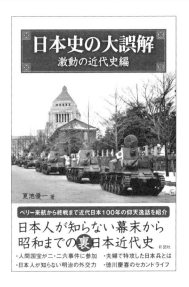

【著者略歴】

田代正廣（たしろ・まさひろ）

1942年、船橋市生まれ。

慶応義塾大学卒業。電子機器会社に勤務。その勤務時代に台湾駐在を体験する。

第二の人生を迎えてから、ISO9000及びISO14000の導入等のコンサルタント業務を行う傍ら、「中国王朝4000年の歴史と中華思想」「明治という国家」「台湾と後藤新平の台湾統治」「新渡戸稲造の武士道」等に関する資料収集に励み、調査研究を長年にわたり続けライフワークとしている。

共著に『おもしろい磁石のはなし』（社団法人・未踏科学技術協会編／日刊工業新聞社）がある。

台湾はなぜ親日なのか

平成27年5月19日第一刷

著　者　　田代正廣

発行人　　山田有司

発行所　　株式会社　彩図社
東京都豊島区南大塚3-24-4
MTビル　〒170-0005
TEL：03-5985-8213　FAX：03-5985-8224

印刷所　　新灯印刷株式会社

URL：http://www.saiz.co.jp
http://saiz.co.jp/k（携帯サイト）→

ISBN978-4-8013-0071-2 C0022

【帯写真】九份・阿妹茶樓（© cotaro70s and licensed for reuse under Creative Commons Licence）